最終増補版

餃子の王将社長射殺事件

一橋文哉

角川文庫
19965

文庫版　まえがき

「餃子《ぎょうざ》の王将」で知られる「王将フードサービス」の大東隆行《おおひがしたかゆき》・前社長（事件当時は現職）が二〇一三年末、京都市の本社前で射殺されて、二年八か月が経つ。

企業のトップが襲撃され暗殺される「企業テロ」事件のほとんどが犯人逮捕に至らず、迷宮入りする現状の中で、この「王将」事件だけは最近、犯行現場から走り去るオートバイや軽乗用車を追跡して特定し車両を押収したり、現場に落ちていたタバコの吸殻から検出したＤＮＡ型と一致する暴力団幹部を突き止めたり……と、飛び交う捜査情報を聞いている限り、すぐにでも犯人が逮捕されるのではないかと期待に胸を震わせる事態となっている。

ところが、現実は決め手が乏しく、なかなか事件解決に至らないというから驚く。

プロの暗殺犯が犯行現場で待ち伏せ中にわざわざ喫煙し、吸殻を現場に捨てていくだろうか。防犯カメラに映し出される危険性が高いことを知りながら、犯人グループの特定に繋《つな》がるようなナンバーを付けた車を現場周辺に走らせるか。犯行に使用するオートバイを盗んで調達する現場にも同じナンバーの車で乗り付け、男たちが盗む様子を防犯カメラに撮らせるだろうか……等々。企業トップを射殺した重大事件なのに、彼らがやっていることがいかにも出来すぎで、わざとらしいことが分かる。

彼らが素人集団や非行少年グループならまだ〝うっかりミス〟の可能性もあるが、よりにもよって、警察当局にも敢然と立ち向かい、堂々と「特定危険指定暴力団」に指定された北九州《きたきゅうしゅう》市の「工藤會《くどうかい》」の面々だというから、警察当局はすっかり腰が引けてしまったのだ。

しかも、タバコの吸殻から検出したDNA型と一致した男は「工藤會」の下部組織の大幹部ながら、拳銃《けんじゅう》などろくに撃ったことがないと言われる人物だ。

「もしかして、これは捜査を攪乱《かくらん》するための罠《わな》ではないか」

捜査員や検察官ならずとも、誰もが疑いの目で見つめざるを得ないという、おそらくこの種の殺人事件の捜査としては前代未聞の展開になってしまっている。

そうした意味でも、この「王将」事件は我が国犯罪史上類を見ない犯罪と言っていいだろう。

詳細は本編に譲るし、前述したような〝ここに来て分かってきた新事実〟については、巻末の《文庫特別編》にまとめて書いてあるので、是非、お読み頂きたい。

ところで、捜査本部がこれまで延べ七万人余の捜査員を投入して突き止めた事実は、前述したように、何とも罠のような匂いがする。「王将」社員やOB、取引業者など〝考えられるあらゆる範囲の人々〟から聞き込み捜査をしても、犯行動機に繋がるトラブルなどは見つからない。捜査本部が口にするこれらの弁明を額面通りに受け取れば、残念なことに捜査はあまり進展していないことになる。

本書は、「王将」創業者一族と闇社会の関係をはじめ、犯行動機にも直結しそうな事件の背景を幾つも詳述してきた。そのことは捜査当局はもちろん、取引実態を内部調査した「王将」社内や第三者委員会も分かっている事実である。

捜査当局はなぜ、この「王将の闇」に踏み込んで行こうとしないのか。

大東前社長は膨大な損失を負いながらも闇社会との決別を宣言した。そして、自ら社内調査した内容と再発防止策をまとめた報告書を作成し、取締役会で内々に報告したわずか一か月後に、本社前で射殺されたのだ。

改革の志半ばで倒れた大東氏の遺志を継ぎ、企業経営者に闇社会と対決する勇気を与えるためにも、捜査当局は罠など恐れず、敢然と「闇」に突き進んでいって欲しい。そんな思いを込めて加筆修正し、文庫本を上梓《じょうし》した。

この事件は想像した以上に不気味な犯罪であり、犯人や被害者はもとより、すべての登場人物の言動に何か意味はないのかと注意を払っていかなければならない。

ごくありふれた風景のすぐ横に、予想外の事実が隠れており、一つ一つ驚き、それらの意味を深く考えながら読み進めてほしい。
王将事件をそう簡単に未解決事件として終わらせてはならない。

二〇一六年八月

一橋　文哉

目次

編集協力／メディアプレス
本文図版／スタンドオフ

序章　老婦人の告白

終戦時の満州で……

東京・新宿歌舞伎町《しんじゅくかぶきちょう》。二〇一四年九月中旬の午後二時過ぎ……。

世界に誇る〝不夜城〟(二十四時間眠らない街)として知られ、一年を通じてほぼ毎日、観光客や買い物客、酔客などで賑《にぎ》わっている大歓楽街でも、昼下がりの一刻、路地裏などを中心に、まるでエアポケットのように、ぽっかりと静寂な空間を創り出すことがある。この時がまさに、その瞬間であった。


暴力団とチャイニーズマフィアという日中両国の犯罪組織の間で仲介役を務める自称・ブローカーの「林《はやし》」と西新宿の高層ホテルのラウンジで会ってから約二か月。一三年十二月に京都市で起きた「王将フードサービス」社長射殺事件の取材で、実行犯と目される中国人ヒットマンの組織について執拗《しつよう》に尋ねる私に辟易《へきえき》したのだろうか、「是非とも会わせたい人物がいる」と言って私を連れて来たのが、ここ新宿歌舞伎町の路地裏に建つ一軒の古びた中華料理店であった。

おそらくチャイニーズマフィアの幹部自身か、その流れを汲《く》む半グレ集団の関係者が経営する中華料理店であり、指定された時刻はランチタイム終了後に従業員らが休憩する時間に当たるのだろう。

店の正面ドアはがっしりと施錠され、部外者の侵入を絶対に許さないといった厳しい空気が伝わってくる。店内の電気はほとんど消され、薄暗い感じがして、これまた最初の一歩が踏み出せない雰囲気である。

店の前で待ち合わせた「林」に連れられ、店のすぐ横にある人間一人がやっと通れるくらいの狭い通路を通って、その先にある従業員専用口から中に入る。予想以上に広い客席フロアの厨房《ちゅうぼう》寄りに置かれた、中央に回転する小テーブルが備えつけられた大きな丸テーブルの所に、一人の人物が座って待っていた。

店の暗さに目が慣れるまではシルエットしか分からなかったが、小柄のように感じる。「林」が話していた「会わせたい人物」なのだろう。「林」はその人物の横の席に座るように促した。

その時、やっと視点が定まり、相手の姿がはっきりと見えてきた。

私の目前に座っていたのは何と、見事な白髪の老婦人であった。

その老婦人は自分の手指でテーブルに「林」という字を書いて、「リン」と名乗った。中国生まれで日本国籍を持っているといい、本人は「半分日本人で、半分中国人ね」と言いながら、寂しそうに笑った。

この日、案内役を務め、私を挟んで「リン」さんの真向かいに座った「林」とは、似たような名前だが、血の繋《つな》がりがないどころか、知り合いでも何でもないという。

また、その老婦人に対して、私が何気なく「リンさん」と呼びかけた時の反応の鈍さから、何となく偽名を使っているのではないかという印象を受けた。

別に証言内容さえ真実で、正確なものであれば、氏名や年齢、性別、出生地などにこだわりはないのだが、どうしても話を聴く姿勢は慎重にならざるを得ないし、常に懐疑的な視点を意識しながらのインタビューになってしまうことは致し方のないところであろう。

こちらのそんな思惑など全く頓着《とんちゃく》していないかのように、老婦人は簡単に挨拶《あいさつ》や自己紹介を済ませた後、自らの身上について静かに語り出した。言葉は時折、イントネーションや使い方がおかしかったりしたが、ちゃんと意味が伝わる日本語だった。

「私は、いわゆる中国残留孤児（帰国者）として、一九八〇年代に日本にやって来ました。父親は日本の農家の出で、国の勧めで開拓団として満州《まんしゅう》に渡り、そこで麦とか高粱《コーリヤン》などを作っていましたが、満州で召集されたそうです。私が生まれた時には、既に出征した後でしたので、父親の顔などは全く覚えておりません。後で知り合いの方に聞いた話では、南方の島に送られて戦死したそうです」

「母親は終戦の時、親しくして頂いた近所の中国人の家庭に私を預け、十三歳年上の姉と五歳上の兄を連れて帰国しようとしたそうですが、病弱だった姉は途中で動けなくなったため置き去りにされ、兄は日本へ向かう途中ではぐれてしまったと聞いています。一人で帰国した母親も既に亡くなっています」

「リン」さんは時折、店から出された温かい中国茶で喉《のど》を潤しながら、一つ一つ思い出をかみしめるように身の上話を延々と続けた。

王将事件を取材中の私は最初、この老婦人がいったい何を話しているのかが分からず、戸惑い、イラついたが、それでも何か〝トンでもない話〟が飛び出してくるに違いないと信じて、じっと耐えて、「リン」さんの話に耳を傾けた。

「日本では、北国の方で農業を営んでいるという親族の方がいましたが、言葉は通じませんし、先方も大家族で大変そうでしたので、迷惑になってはいけないと思って、一緒に暮らすことはありませんでした。それで初めは東京都内の（残留孤児一時）収容施設や（低所得者専用）宿泊所みたいなところに住んで、残留孤児を支援してくれる人の世話でパートの仕事などしてたんですが、日本にうまく馴染《なじ》むことができませんし、あまり生活費を稼げなくて……」

「私は途中から知り合いの人を頼って千葉県船橋《ふなばし》市の方に移り、そこでお店の手伝いなどをして暮らすことができたので良かったですが、（残留孤児帰国者の）多くの方々が言葉の壁や生活習慣の違いに苦しみ、身内や知り合いの人がほとんどいないため相談することもできませんでした。中には犯罪に走る者も出てきました」

日本での暮らしがいかに大変だったかという話が三十分ほど続いただろうか、「林」が「中国でも大変な生活だったんだよね」と話を巧みに誘導してくれたお陰《かげ》で突如、話題が終戦時の旧満州のことに変わった。

「私は生まれて一年ほどのことでしたので記憶にないのですが、後になって、置き去りにされた時の様子を中国の（養）父母とか同じ残留孤児だった人たちとか、生き別れになって（後に再会し）た十三歳上の姉から聞かされました。あまりにも悲惨な話が多くて口にしたくありませんが……今日は思い切って話すことにしました」

「そもそも満蒙《まんもう》開拓団は、日本の東北や信越などの貧しい農民が、『王道楽土』が待っているかのような政府の口車に乗せられ、旧満州の地に入植しました。しかし、気候は寒く土地は荒れ果て、そりゃ苦労したようです。私たちは、最初からお国や軍隊には裏切られ続けてきた身の上だったのです」

「開拓団に参加した男の方は、本当は徴兵が免除される約束だったんですが、戦局が悪化したとかで約束は一方的に反故《ほご》にされ、『お国のために』と次々と兵隊に取られてしまいました。その中には私の父親も入っています。村に残されたのはお年寄りと女・子供だけでした」

「しかも、終戦まであと一週間もない時にソ連軍が満州に侵攻し、砲撃と銃撃に加えて、中国人も加わって略奪と暴行の嵐が押し寄せてきたそうです。その時、私たちを守ってくれると言っていた日本の兵隊さんたちは、いち早く逃げ去って誰もいませんでした。母親たちは幼い子を抱えて、はるか遠くの港を目指して、徒歩で命懸けの逃避行を始めるしかなかった……」

こうした話題はしゃべり出したら止まらない。いったい、話がどこに向かって進んでいくのか。それが王将事件とどうかかわっていくのかが皆目、見当がつかないままで、とにかく話を聞き続けるしかなかった。

「母親たちはソ連兵や中国人暴徒の襲撃で殺害されたり、暴行されるなど酷《ひど》い目に遭ったりする人も多い中、命からがら逃げたそうです。餓死や凍死、伝染病に罹《かか》って倒れたりと悲惨な末路を辿《たど》る家族も多かったと聞いています。私の母親のように何とか帰国できた者もいたようですが、止むを得なかったとはいえ、幼い子や病人は中国大陸に置き去りにされたり、逃げる途中で離れ離れになってしまったんです」

満州の荒野に取り残された「リン」さんは、その後、どうなったのか。

「幸いなことに、幼い子を不憫《ふびん》に思ったのか、私は貧しかったけど優しい養父母に中国人として育てられ、何とか生き延びることができました。しかし、兄ははぐれた先で農民に拾われ、遠くの農家に連れて行かれ、〝奴隷〟のようにこき使われたとかで、六年後に病気で死んだと聞いています。一番上の姉も同じように酷い目に遭ったようですが、それでも何とか生き延びて、後に奇跡的に再会を果たしました。それで私と一緒に日本に帰ろうとしたら、日本政府に『十三歳以上の子供は自分の意志で中国での生活を選択したと見なし、残留孤児には当たらない』と認めてもらえなかったんです」

「戦争に負けて、周囲の中国人からは恨みのこもった目で見られ、ソ連軍が攻めてくる中で、誰が自分の意志で残留を希望しますか。残された子供たちは『小日本鬼子』(日本人の子)と罵《ののし》られてきたんです。あまりに酷過ぎます。姉もショックだったのか、それからしばらくして亡くなりました」

男の名はカトウ・アサオ

「リン」と名乗る老婦人と顔を合わせてから、はや二時間余りが経った。店の厨房《ちゆうぼう》辺りではディナータイムのメニュー作りの準備が始まったのか、あわただしく人が動くような気配がしている。

老婦人の〝独演会〟もそろそろ終演時刻が近づいてきたようだが、私の取材目的である王将事件にかかわる話は全く登場しない。「これはすっかり『林』に騙《だま》されたか。

まあ、貴重な体験談をたくさん聞くことができたので、良しとするか」と半ば諦《あきら》めの境地で、取材ノートを仕舞いかけた、その時であった。

老婦人の口から迸《ほとばし》るように、ある人物に関する話が飛び出してきたのだ。

「私自身は生まれていたかいないかぐらいの時でしたので、後に養父母かご近所の方々に聞いた話だと思いますが、父親が出征したこともあって、母親が働かなければならなくなり、満州国の首都・新京《しんきょう》（現在の吉林《きつりん》省 長春《ちょうしゅん》市）か奉天《ほうてん》（現在の遼寧《りょうねい》省瀋陽《しんよう》市）に転居していた時の話だそうです。そこの借家に一人の若い軍人さんが出入りしていたことがあったようです」

それは日本陸軍の人間か。将校？　それともただの兵隊なのか。

「詳しいことは知りませんが、確か、憲兵隊にいた人だったと聞きました」

その軍人の話とはいったい、どんな内容だったのか。

「それが話してくれる人によって中身がマチマチで、よく分からないのですが、家によく来ていたとか、何か偉そうな態度をしていたとか、命令口調で話していたとかいろいろです。人柄についても〝親切でいい青年〟だったという人と、〝憲兵隊の権力を笠《かさ》にきて威張ってた嫌なヤツ〟という人の両方あってはっきりしないんです」

「夫を兵隊に取られ、女子供だけ残されて心細かった母親は、大層頼りにしていたといい、兵隊さんが必ず守ってくれると信じていたようです。その軍人と母親が大変仲《なか》睦《むつ》まじかったという話もあり、中には私のことを『その軍人の子供じゃないか』などという酷い噂があったことも後で知りました」

その若い軍人はどうしたのですか。

「ある日突然、姿を消していたそうです。その人がいた憲兵隊はもちろん、関東軍自体がさっさといなくなっていたと聞きました。ソ連軍が侵攻したと聞いたのは、それからしばらくしてのことだったそうです。日本軍は我々開拓団を見捨てたんだ、と皆憤っていたらしいですが、実際、開拓団の方々が大勢亡くなったようです。彼ら日本の軍人がその後、どうなったかなんて知りませんし、知りたくもありません」

自分が生まれていたかどうかという微妙な時代の話がどうして、そんなに鮮明に記憶に残っているのだろうか。何か別の思い出話か、あるいは記憶に残るような出来事があったのではないか。

「うーん。これは後に他の人から聞いた話ですし、〝故人の名誉〟にかかわる話なので、あまり言いたくないんですが……」

と一度は躊躇《ちゅうちょ》した老婦人だったが、意を決したように「やっぱり、今日は言うことにします」と言い切って、こう語り始めた。

「その軍人が母親が留守の時に家に来て、十四歳だった姉に対し性的な虐待をしたそうです。それで姉は心と体を病んでしまって、結局、生きて日本に戻ることができなかった。後に再会した時に姉の口からは何も語られませんでしたが、姉は軍人というか軍服を着た人を見ると、いつも怯《おび》えていましたし、母親に対する恨みや憤りのようなことを口にしていた記憶があります」

その軍人の消息について調べなかったのですか。

「中国にいる時はどうにもなりませんでしたし、日本に来てからも毎日毎日、生きることに精一杯で、そんな（調べる）ことをしている暇も余裕も全くありませんでした。私自身に直接かかわりを持った記憶がないため、思い入れが少なかったこともあるのでしょう。もちろん、嫌なイメージを強く持っているのですが、正直言いますと、その軍人のことなどすっかり忘れていました」

それで本日、私に話したかったこととは何ですか。

もっとじっくりと老婦人の話を聞きたい気持ちもあったが、店内にディナータイムの準備のため従業員らが出入りを始め、騒がしくなってきたこともあって、私は老婦人に話の先を促したのだ。

「数年前にたまたま、雑誌で『王将』の大東隆行社長のインタビュー記事を読みまして、その中に『餃子の王将』が二〇〇五年に中国・大連《だいれん》に進出した時の苦労話などが入っていて、つい読んでしまったんです。大連という街は、自分たちが旧満州から日本に来る時に利用した港ですし、かつて開拓団の方々が何とか帰国するために押しかけた港街でもあったから、その街の名を聞いた瞬間、背筋がゾクゾクとしてきたんです」

普通なら、大連という名を耳にしただけで、戦争の忌まわしい記憶が蘇《よみがえ》り、嫌気が差したりするものだが、終戦時にまだ幼かった彼女には、そこまでの記憶はなかった。そこで雑誌の記事を夢中になって読んでしまったのだという。

そして、老婦人はその記事の中に、ある人物の名前を見つけて衝撃を受けた。

《「王将」のカリスマ創業者・加藤朝雄《かとうあさお》氏》

それは約七十年前、旧満州にあった老婦人の家庭に出入りし、家族の心に深い傷痕《きずあと》を残し、挙げ句の果てに、一家を見捨てて去って行った若き軍人の「カトウ・アサオ」と同姓同名だったのである。

そして、捜査本部の調べで「王将」創業者の加藤朝雄氏は終戦時、憲兵隊員として旧満州に派遣されていたことが分かった。

第1章　暁の銃弾

至近距離から撃ち込まれた四発

それはまさしく、不可解な事件と言っていいだろう。

「このヤマ（事件）は、最初から何か変やったんや。発生は肌寒い真冬の早朝やったし、しかも小雨とはいえ悪天候やったから、目撃者がいないのは分からんでもない。おまけに指紋やら足跡やら、そのほか犯人に繋《つな》がりそうな塵芥《じんかい》を含めた重要な証拠類は、雨のため全部流れてもうた。それでも、京都市山科《やましな》区の閑静な住宅街で発生した銃撃事件なんやから、銃声とか悲鳴、車が急発進する音など、何か一つぐらい物音を聞いた住民が出てきてもおかしくないと思うんやけど、誰も何も聞いとらんというんや。山奥ならばともかく、街中で起きたヤマで、こんな〝ないないない尽くし〟は初めてと違うか。いったい、どないなっとるんやろうか」

このヤマとは言うまでもなく、二〇一三年十二月十九日朝、「餃子の王将」チェーンを全国展開する「王将フードサービス」本社前で起きた大東隆行・前社長（事件当時は現職社長で七十二歳）射殺事件（以下、王将事件と呼ぶ）のことを指す。

そして、事件から二か月も経っていない一四年二月段階で、早くもそうぼやいているのは、王将事件の捜査に携わっている京都府警のベテラン刑事だ。彼は憤りを抑え切れない様子で、さらにこう呟《つぶや》いた。

「これはあくまで、年寄りの愚痴や思うて聞いてくれや。本社の前で社長を射殺されとるのに、会社側は『トラブルは何もない』の一点張りで、最初からあまり捜査に協力的やなかったんや。普通なら、胸のうちまでは分からんけど、建前だけでも『瀕死《ひんし》の我が社を再生・復活させた〝王将の宝〟を奪った犯人は絶対に許せない。必ず捕まえて欲しい』とか何とか言うもんや。どや、何か変やろが……」

確かに、会社として大東社長の遺徳をしのび、犯人逮捕を訴えたコメントは出したものの、聞き込み捜査で会社関係者からそうした声はあまり聞かれなかった。

そんな〝異変〟を察知したせいか、警察内部では早くも、懸命に犯人捜しを行っている捜査員を横目で睨《にら》みながら、迷宮入り（未解決）の声が囁《ささや》かれ始めていたという。

大東氏の身に、あるいは「王将」という会社にこの時、何があったのであろうか。

それを一つ一つ検証していく前に、事件当日の現場周辺や犯行の様子を、非公開の捜査資料などを基に正確かつ詳細に再現してみよう。


JR京都駅から東海道《とうかいどう》線で滋賀方面に向かって一駅目、五分ほどで山科駅に到着する。

その駅の南側に広がる京都市山科区の南部は、古都を代表する繁華街・祇園《ぎおん》から東南へ五キロ余り行ったところに位置し、国道1号線や名神《めいしん》高速道路が走る交通の要衝でありながら、しっとりと落ち着いた住宅街だ。

事件は年の瀬が迫りつつあった十二月十九日午前五時四十五分頃、京都市山科区西《にし》野山《のやま》射庭《いば》ノ上《うえ》町の「王将フードサービス」本社前で起きた。

大東氏は通常と同じように、本社の約一・五キロ（直線距離で約八百メートル）北東にある山科区西野大鳥井《おおとりい》町の自宅から、黒い社有車を自ら運転して出発した。

そして、約七分後、本社とは道路一本を隔てた北側にある従業員専用の駐車場に着き、車から降りた直後に、その惨劇は起きた。

突然、何者かが大東氏に駆け寄り、至近距離から拳銃《けんじゅう》を四発発射したのだ。傷の状況などから大東氏は立った状態で、ほぼ正面から撃たれたことが分かっている。

発射された銃弾は大東氏の右胸に二発、左脇腹に二発とすべて命中した。そして、そのうちの一発は胸部を掠《かす》めるように貫通して皮膚と衣服の間に引っ掛かる形で見つかり、残りの三発は体内に留《とど》まって肝臓や腎臓《じんぞう》、小腸など多数の臓器を損傷させた。

駐車場に倒れている大東氏を発見したのは、早番で出勤してきた男性社員（当時五十八歳）で、銃撃から一時間十五分余も経った午前七時頃のことであった。この朝、面談する約束のあった大東社長が現れないため、男性社員が午前六時半前に一度、社長の携帯電話に連絡を入れたが、全く応答がなかった。

律儀で時間を有効に活用することを信条としている社長なのに、いつまで経っても連絡がないことに不審を抱いた社員が様子を見ようと会社から外に出てみると、大東氏がいつも車を停めている駐車場の南東側スペース付近に横たわり、全く動く様子を見せなかったため、慌てて一一〇番通報したのだ。

大東氏は社有車の左横（東側）一メートルほどのところにうつ伏せに倒れていた。車が左ハンドルのベンツで、ドアは閉じられ施錠されていたことから、運転席から降りて会社に向かおうとしたところを狙われたと見られる。

大東氏は既に瞳孔《どうこう》が開き加減で、意識はなかった。男性社員が心臓マッサージを施すため背広を破るように脱がすと、ワイシャツの胸の辺りに血が滲《にじ》み、脇腹付近にはべっとりと付着していた。救急隊員が駆けつけた時には、右胸一か所と左脇腹二か所の傷口から大量に出血していて、心肺停止状態だったという。大東氏は約一時間後、収容先の病院で死亡が確認された。

解剖所見によると、死亡推定時刻はもっと早くて、十九日午前六時頃。銃撃されてから十五分間くらいは、意識はほとんどなかったと思われるものの、生存していたと見られている。ただ、出血量から見て、その十五分以内に発見し病院に収容していれば助かったとは言い切れないが、駆けつけた人間に何か犯人に繋がる情報を伝えることは可能であったかも知れないと思うと残念でならない。

死因は腹を撃たれたこと（腹部銃創）による失血死で、出血量は腹部の分だけで、人間が死亡すると言われている出血量一五〇〇ccを上回る一七五〇ccに達し、ほかの傷などの出血量を合わせると、人間の全血液量の三分の一に相当する二〇〇〇cc以上の血液を失っていたのだ。

京都府警捜査一課は山科署内に捜査本部を設置し、捜査員八十一人態勢（後に少しずつ増えて最大時は九十五人態勢）で本格的な捜査に乗り出した。

現場検証の結果、事件現場周辺に人が争ったような痕跡《こんせき》はなく、大東氏にも着衣の乱れや殴られた跡、抵抗した時に付く防御創なども見られなかった。

また、大東氏は財布や背広の内ポケットに合わせて数十万円の現金を所持し、車の助手席に置いた段ボール箱や後部トランクの紙封筒の中などにも数十万円ずつの現金を入れ、合計百数十万円の現金を置いていたが、手つかずのままだった。

さらに、車内などに物色したような痕跡は見られなかったが、念のため後に会社の幹部や秘書役の社員、家族らに立ち会いを求め、書類や携帯電話、車やオフィス・机・金庫のキー、その他の所持品などの所在確認を行った結果、特に奪われるなどして所在が分からなくなっているものはなかった。

残念なことに当日は雨天だったため、犯人の指紋や足跡など有力な物的証拠は、すべて流されてしまった。社屋の壁や出入り口付近の床面など、雨に濡《ぬ》れていない場所から稀《まれ》に指紋や足跡などが検出できても、どれも同社従業員ら関係者のものばかりであり、身元が分からないものはなかった。

そのうえ、実行犯のものと思われる遺留品なども残っておらず、現場に犯人と結びつく手掛かりは何一つなかったと言っていい。

実は、現場付近から犯人のものと見られる遺留品が一点だけ見つかっていた。大東氏の遺体近辺に散乱していた四つの薬莢《やっきょう》である。警察庁科学警察研究所（科警研）が鑑定した結果、犯行に使われた凶器は二十五口径自動式拳銃で、弾丸は米国製と判明したが、今のところ入手ルートは解明できていない。

弾丸は、大東氏の体内や衣服の隙間で見つかった四発だけで、現場周辺の車や建物などからは一切、弾痕は見つからなかった。

人間が車を乗り降りする際、どうしても足元が気になって周辺に対する注意力が散漫になり、無防備状態に陥りやすい。捜査本部は、本社の駐車場近辺に潜んで待ち伏せしていた何者かが、そのタイミングを狙って至近距離から立て続けに四発銃撃したと断定した。

ただ、付近の住民たちの間に事件当時、銃声らしき音を聞いた者がなく、サイレンサー（消音器）を装着した可能性も捨て切れないとも言われている。

この拳銃に関しては、後で詳述する。

防犯カメラの死角に潜む

大東氏は毎朝五時から六時の間に誰よりも早く会社に出勤し、本社の正面玄関前や駐車場内を丹念にほうきで掃いたり水をまくなどしてきれいにするほか、率先して社内のトイレ掃除などを行うことを日課としていた。

創業当初、彼は連日のように店舗に寝泊まりして一日十六時間以上働いたという伝説の持ち主で、常に現場で汗水垂らして働いたことが自慢であった。そんな彼が二〇〇〇年に会社の経営再建を担って社長に就任した後、自ら率先して働くことで従業員を引っ張っていこうと考えても、決して不思議ではないだろう。

そして、まず手始めに行ったのが、この早朝出勤と清掃であった。

もっとも、これは社員が朝から気分良く働けるようにと考えて、一人で始めたことであり、特に誰かに何かを求めていたわけではなかった。だが、知らず知らずのうちに社員への要求・要望が厳しくなり、朝七時半には定例のエリアマネージャー会議を開催するようになった。しかも、会議の冒頭には必ず、毎回三十分間にわたって関西弁で檄《げき》を飛ばしたため、社員の中には会議だけではなく、早朝出勤・掃除自体を〝有り難迷惑〟に思う者も少なくなかった。

そんな事情もあって、この社長自身の早朝出勤・掃除というスケジュールは社員や家族はもちろん、会社や自宅の周辺住民も皆知っていた。

もっとも、後に大東氏が雑誌のインタビューを受けるなどメディアに登場するたびに、この早朝出勤・掃除の話を披露し、その様子が文章や写真・映像で紹介されたため、会社とは無関係な人々の多くも、その日課のことを知っていた。そして、「王将」本社や掲載された雑誌社に寄せられた電話や投書によれば、「社長個人の売名行為か会社の宣伝効果を狙ったものではないか」と批判的な声もかなり多かったという。

これでは捜査本部が当初、大東氏の生活パターンや考え方を熟知した人物が絡んでいるのではないかとした犯人像も、あまり当てにならないと言わざるを得ない。

ただ、大東氏がどういうコースで出勤するのかとか、同行者の有無、車をいつもどこに停めるのか、会社で誰かが待っていて、出迎えに現れるのではないかといった細かい行動や内容までは紹介されておらず、やはり実行犯かその仲間が、何回か現場や通勤コースを下見したうえで、犯行に及んだ可能性が高いことが分かった。

さらに、大東氏が自宅を出発する時刻が午前五時から六時までかなりバラついていて、実行犯が長時間の待ち伏せを余儀なくされる危険性があった。そのため、大東氏宅周辺で出発を確認して通報する人物など、実行犯のほかに見張り役、逃走幇助《ほうじょ》係など複数の人間が絡んだ組織ぐるみの犯行との見方が捜査本部内では強いのだ。

いずれにしても、まだ暗い冬の早朝で目撃者がおらず、雨天ゆえ指紋や足跡など有力な物証が消滅したという〝ないない尽くし〟の状況下で、いったい、どうやって、前述したような犯人の動きが分かるのだろうか。

その理由の第一は、大東氏がいつもほぼ同じ行動を取っていることだ。捜査員が家族や社員の証言に基づき、この日の大東氏の行動を想定し、それに沿って目撃者や遺留品・微物、付近の痕跡などを調べて一つ一つ積み上げることで、銃撃はもとより、下見から見張り、逃走に至る犯行状況を浮かび上がらせたわけだ。

もう一つの理由は、事件現場周辺に残された微《かす》かな痕跡――たとえば人間が通った時に接触して擦《こす》れた埃《ほこり》の跡などや、紙の切れ端や糸クズ、塵芥《じんかい》のような遺留微物――に対する捜査結果から犯人の行動を再現したことだ。そして、それに加え、会社や現場周辺の防犯カメラの映像を解析し繋《つな》げていくことで、犯行の一部や犯人と思われる人間の逃走ぶりを浮き彫りにすることができた、ということである。

捜査本部が真っ先に調べたのが、犯行現場となった「王将」の駐車場から道路を挟んで南側にある別の梱包《こんぽう》会社の倉庫に設置された防犯カメラ（以後、便宜上、本社前カメラと呼ぶ）であった。

この本社前カメラは駐車場のほぼ全域にわたって様子を窺《うかが》えるうえ、駐車場前の道路を通行する車両や人物など、事件にかかわりがありそうな人やモノ、そして、事件と関係するエリアをすべて捉《とら》えていたのは、その一台だけであったからだ。

その本社前カメラの十九日朝の画像を解析したところ、午前五時四十五分から四十六分にかかる頃に、大東氏が運転する黒いベンツが「王将」本社北側にある従業員専用駐車場に到着したことが確認された。

大東氏の妻の証言によると、彼はいつも通り午前五時半過ぎに車を運転して自宅を出発した。実際に、自宅や向かい側の住民宅などに設置された防犯カメラの映像では、大東氏の車が午前五時三十九分頃に、ゆっくりと自宅前から走り出す様子が映し出されていた。

これらの防犯カメラは動くものに反応して撮影を行うタイプのもので、大東氏の車が出た後は午前五時四十五分頃に自転車が通りかかるまで何も撮影していなかった。

また、捜査本部は後に通勤コース沿いにある防犯カメラの画像を任意提出させて調べたが、大東氏は途中でどこにも立ち寄らず、会社に向かっていることが判明。彼の車を見張ったり、追跡するような不審な車両や怪しい人物の姿は映っていなかった。

本社前カメラの映像解析によると、大東氏の車は駐車場内を時計回りに大きく旋回し、自分の〝指定席〟となっている南東側のスペースに北側から乗り入れて停車した。数秒後には、駐車場のすぐ東隣に建っている、「王将」が倉庫として使用している別棟社屋の前を東側から西側に向かって横切るように歩き、事件現場方向に接近する人影が映っていた。

　これは別棟倉庫の出入り口付近の上部に、人間が近づくと感知して光るセンサー付きのライトが設置されていて、本社前カメラにその点灯した光が映っていたため確認できたものだ。周囲がまだ真っ暗なうえ、画像が粗くて不鮮明だったため、横切った人物の顔かたちまでは分からなかったものの、あまり背が高くなくて細身と見られる体格の人物のシルエットをはっきりと捉えていた。

　その直後、本社前カメラは発砲の際に出たと思われる複数の閃光《せんこう》をキャッチ。数十秒後には、前出の人物と背格好がよく似た人影が、今度は別棟倉庫前を西から東に向かって横切り、通路方面に戻っていった。まさに数十秒間の凶行だったが、そうした実行犯の動きにセンサー付きのライトが反応して点灯したことが確認されている。

　言葉で説明すると分かりにくいので、37ページに射殺事件現場周辺の見取り図を掲載したので、ご参照頂きながら、読み進めていって欲しい。

　このライトが設置された別棟倉庫の出入り口の東横には、別棟倉庫の北側にある別の駐車場に抜けられる細い通路があり、その通路を進んで別棟倉庫の北東角を左折した辺り、大東氏が射殺された現場から北東側には従業員専用の屋根付き駐輪場が設けられている。

　ここから先はほとんど公になっていない話であるが、実は、この駐輪場には完璧《かんぺき》な

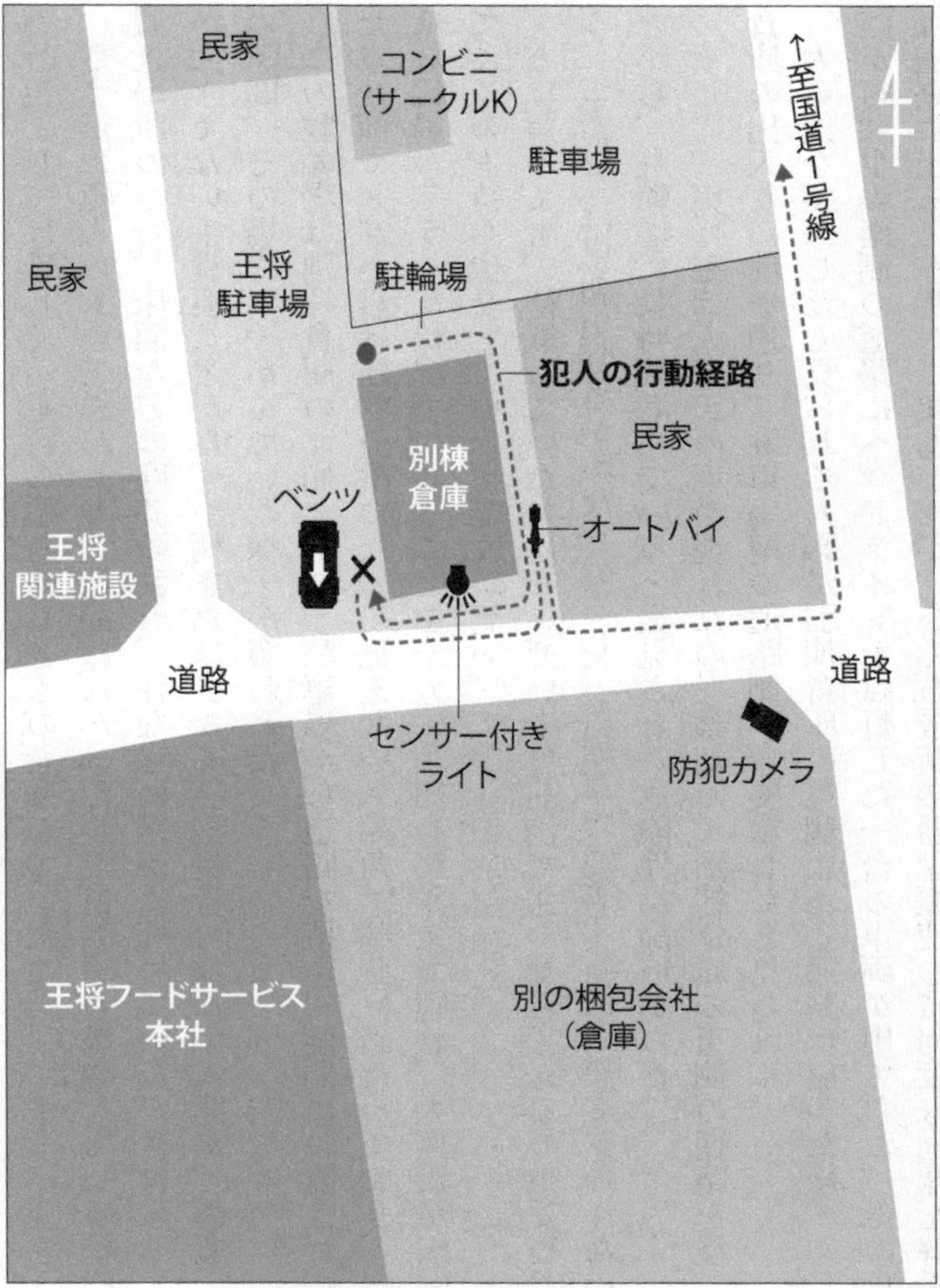
民家
コンビニ
(サークルK)
駐車場
↑至国道1号線
民家
王将
駐車場
駐輪場
犯人の行動経路
民家
別棟
倉庫
ベンツ
オートバイ
王将
関連施設
道路
道路
センサー付き
ライト
防犯カメラ
王将フードサービス
本社
別の梱包会社
(倉庫)

射殺事件現場見取図

実行犯としては珍しく、犯行の痕跡《こんせき》らしきものを残していたのだ。

さすがに犯人のものと思われる遺留品はなかったが、自転車の駐輪している状態や置き場所のズレ、床面などの塵芥の乱れ、柱などに微かに残っていた、さほどサイズが大きくない手袋痕《こん》などから、小柄または少なくとも長身ではない人間が、ある一定の時間、その場でしゃがんでいた様子が窺われた。

この駐輪場は別棟倉庫の北側にあり、駐車場から道路を挟んで南側に設置されていた本社前カメラからは建物の陰になって見えない「死角」部分に当たっており、犯人は駐輪場がそうした状況下にあることを十分に承知したうえで隠れ、大東氏が出勤してくるのを待ち伏せしていた可能性が高い。

とは言っても、待機していたのはせいぜい十分前後であったと考えるのが妥当だろう。「王将」は早朝出勤者がかなりいるし、自転車で通勤する従業員も少なくないことから、駐輪場に長時間潜んでいると発見される危険性が高いからだ。

そして、実行犯は大東氏の車が現れたのを察知し、別棟倉庫の東側の通路を経て、倉庫の出入り口前を通り、駐車場南の道路側から襲撃したと見られる。

大東氏を襲撃したと見られる人影が別棟倉庫の東側にある通路に戻った後、同じ通路から駐車場南側の道路にヘッドライトを点灯した一台の車両が出てきた。その車両は道路に出ると左折して東進したが、いくら最新機器を駆使して何度も画像を解析しても、ヘッドライトの光源が一つしか確認できなかった。

さらに、ヘッドライトの光の角度や光量、広がり具合に加えて、別棟倉庫東側の通路が狭く、四輪の自動車だと軽乗用車でも停めておくスペースがないことから、捜査本部は、実行犯が通路に停めてあったオートバイに乗って逃走したと断定した。

また、本社前カメラには事件発生直後の時間帯に、駐車場南側の道路を西から東にノロノロと低速度で走る車両のライトが映っていた。

犯行時間帯にこの道路を行き交う車両はほかにも数台あったが、大東氏の到着後に確認できたのはこの車両と、前述したオートバイらしき車両の二台だけであった。

捜査本部は、この車両には現場で見張りや犯行見届け役を務め、実行犯の逃走を手助けした人物が乗っていたと見て、二台の車両の行方を徹底的に追及した。

標的にされた「開かれた会社」

捜査本部はまず、事件現場周辺の十五か所、さらには大東氏の通勤経路を中心に二十三か所を追加して防犯カメラから事件当日の映像を回収して調べた。事件発生から一か月後には回収範囲を周辺約二キロまで広げ、百二十二か所の防犯カメラの映像を回収。さらに事件現場の近くを走る名神高速道路や幹線道路などに設置されたNシステム（自動車ナンバー自動読取装置）の画像、事件があった時間帯に現場周辺を走行したタクシーやトラックのドライブレコーダーなどを集め、防犯カメラの映像とともに解析を行った。

ところが、「王将」本社前の道を東へ進み、突き当たりの「大石道」と呼ばれる市道を左折して北上したところまでは確認できたが、その後の足取りがプッツリと途絶え、犯人がどのコースを辿《たど》って逃走したのかが皆目、見当がつかなかった。

この道を北に進むと、国道1号線に出て右折すれば名神高速道路の京都東インターチェンジに通じ、左折すれば京都市の中心街に入り、関西各地に向かうことができる。

また、この市道を南下すると、阪神《はんしん》高速道路京都線の山科出入り口がすぐ近くにある。ただ、不用意に進むと、現場から南東約四百メートルのところに勧修寺《かんしゅうじ》交番があり、同じく約二キロ離れた場所には、後に捜査本部が置かれた山科警察署もあるため、通報を受けて現場に向かうパトカーと遭遇する恐れがあった。

犯人はこれらの周辺事情を熟知し、南行ルートを避けたとの見方が強い。

「車両の捜索範囲をかなり広げて防犯カメラやNシステムを調べたが、実行犯の足取りは全く摑《つか》めなかった。それは奴らが幹線道路を避け、人通りの少ない路地や山道を巧みに通り抜けて逃げたことを意味している。警察署や駅など重要ポイントをしっかりと把握するなど、地元の地理に明るい専門の〝逃がし屋〟が加わり、犯行現場や逃

走経路の下見から逃走を手助けする役割を担っていたに違いない」(捜査関係者)

実際、捜査本部が多数の捜査員を投入して事件現場周辺などで行った聞き込み捜査は、予想以上に難航した。

まず、捜査本部は事件翌日から六日連続で、犯行時間帯を跨《また》いだ午前四時半から六時半までの間に、事件現場付近を車や徒歩などで通行した延べ七百四十六人から聞き込み捜査を行ったが、これといった情報は得られなかった。

次に、犯行現場を中心に半径五百メートル、一キロ……と、付近住民への情報収集捜査の範囲を少しずつ拡大し、虱潰《しらみつぶ》しで聞き込みしていく〝ローラー作戦〟を展開。さらに、大東氏の通勤経路や犯人の逃走ルートに沿って徹底的に目撃情報の収集に当たったが、ともに有力な証言や情報は全く得られなかった。

真冬の早朝五時台だと外はまだ真っ暗闇で、人家の明かりもほとんど消えたままであった。おまけに〝冷たい雨〟まで降っていたため、周囲は静まり返っていたという。

また、「開かれた会社」を標榜《ひょうぼう》していた「王将」は事件現場となった駐車場はじめ本社敷地内に防犯カメラを一台も設置しておらず、警備員も配置していなかった。

捜査するうえで、そうした不利な条件が揃っていたとはいえ、これほどまでに目ぼしい証言や情報が出てこない事件も珍しい。

「駐車場から道路を挟んだ反対側の倉庫付近に、たまたま別の会社が設置した防犯カメラ（本社前カメラ）が一台あったんで助かったわ。もしあれがなかったら、何があったのかさえなかなか分からんかったに違いないと思うと、ゾーッとするで」

京都府警のベテラン刑事は思わず、そうぼやき続けたが、それくらい有力な手掛かりが得られない事件であった。

何しろ捜査本部が現場東側を走る幹線道路で二日間にわたり、午前五時半から六時まで定時通行調査を実施したところ、車両こそ九十台通ったが、運転手たちは皆、出勤を急ぐあまり何も見ていなかった。通行人に至っては、たった二人しかいなかったのだ。まして本社前の道路は六時過ぎにたまに犬を散歩させる人がいるぐらいで、人や車の通行などはほとんどなかった。

一方、「王将」本社でも午前五時半から四十分にかけて、主要駅前や繁華街の店舗などで通行人らに配る店のクーポン券を受け取るため、複数の社員が本社や駐車場に出入りしていたが、誰も不審な人物や車両を見ていなかった。

また午前五時半過ぎには、事件現場となった駐車場前でゴミを回収した業者がいたが、やはり何も目撃していない。この駐車場にはところどころに照明設備があり、たとえ深夜でも、社屋や倉庫に近づいたり、駐車場内をウロつけば、人影ぐらいは判別できるため、実行犯は駐輪場などの物陰に身を潜めて銃撃の機会を窺《うかが》っていたか、あるいは犯行直前に現場を訪れたかのどちらかと見られる。
件《くだん》の駐車場から約四十メートル離れた場所に自宅を構え、毎朝五時過ぎには起床しているという男性（事件当時六十二歳）は、京都府警の聞き込み捜査に対して「いつもなら大東社長が水をまいている音まで聞こえるのに、あの（事件が起きた）日は銃声どころか、人間の声や物音一つ気づかなかった」と答えている。

さらに、事件現場から約五十メートル離れた自宅前の路上で、午前五時四十五分頃から体操を行っていた男性（同七十八歳）も何も気づかなかったといい、午前五時四十分から五十分頃にかけて、駐車場南側の路上を散歩していた高齢の男性二人も「全く異変を感じなかった」と証言している。

それでも警察は、聞き込み捜査を進めていく中で、犯行に繋がりそうな幾つかの情報を入手している。一つは、駐車場から北西へ約六十メートル離れた所に住む初老の男性が、午前五時半から六時の間に自宅二階のダイニングキッチンで朝食を摂《と》っていた際、「パーン」とか「パパーン」という音を三、四回連続して聞いたと証言。やはり現場近くに居住する男性（同七十九歳）は午前五時五十分頃、起床してトイレに向かう途中で何かがきしむような「キューン」という音を三回ほど聞いたという。また、午前六時前後には現場の駐車場方向から男性のうなり声や怒鳴り声らしき音が聞こえたとの情報もある。

捜査本部では、これらの音が拳銃《けんじゅう》の発射音や、実行犯と被害者が口論する声ではないかと見て調べたが、銃声や声が聞こえた時刻にズレがあり、必ずしも犯行時間帯と一致しないため、参考情報に止《とど》まっている。

ところで、早朝の閑静な住宅地で銃弾が四発も発射されているのに、現場周辺に銃声を聞いた住民がいないことから、犯人がサイレンサーを装着していた可能性を示唆する捜査幹部も少なくない。しかし、犯人が大東氏の身体に直接触れるくらいの至近距離から連射したか、大東氏の身体に拳銃を押し当てて撃ったため、銃声が聞こえなかったという説を唱える警察関係者がいることも付記しておきたい。

初動捜査ミスで迷宮入り？

本章冒頭で、警察上層部に早々と事件の迷宮入りを示唆する声が出ているという事実を指摘した。未解決事件の要因については次章で詳述するが、事件の迷宮入りという結果をもたらす最大の要因としてよく取り上げられるのが、初動捜査の失敗である。

初動捜査とは事件が発生した直後や初期の段階で行う基礎的な捜査のことを指す。たとえば殺人事件の場合だと、犯行現場に第三者が立ち入らないように保存・管理し、指紋・足跡採取をはじめとするさまざまな鑑識活動を行うことや、犯人の遺留品、特に殺害に使った包丁や拳銃などが見つかっていない場合は、それら凶器の発見・確保、被害者の家族や同僚、友人ら被害者の現状や犯行の経緯、背景をよく知っていそうな関係者からの事情聴取……といった捜査活動が挙げられる。

また、犯人の人着（人相・着衣）やケガの有無、乗ってきた車などが少しでも分かれば、それらの情報を近隣あるいは各地の警察署に手配し、幹線道路や主要な駅、繁華街などで検問やパトロールを実施して犯人を追跡・検挙するとともに、現場周辺や被害者周辺を聞き込み捜査して目撃者や容疑者を捜し出すことも、重要な初動捜査の一つだ。

殺人事件など凶悪犯罪が起きた後、犯行現場で犯人が血の付いた包丁を持って立ち尽くしていたとか、犯人自らが一一〇番通報したり警察署に出頭してきたなどの例を除けば、全国どこの警察署でも、こうした初動捜査を行わないところは、まずないだろう。

それなら初動捜査の失敗とはどんな時に起きるのか。

犯行の形態や現場の状況がはっきりした特徴を示しているケース、特に有力な物的証拠や関係者証言が得られた場合、捜査本部がそれらを重視し過ぎて、思い込み捜査を進めた時が最も危ないと言われている。

たとえば、現場に派手な物色痕《こん》があり、被害者の持っていた金品がなくなっていれば、カネ目当ての強盗殺人かとなるし、被害者の顔がメチャメチャに潰《つぶ》され、あるいは全身がメッタ刺しにされていると、被害者に対する怨恨《えんこん》が募った殺人と見る向きが圧倒的に多いということである。

ミステリー小説やテレビの刑事ドラマでよく出てくるストーリーだが、死体の横に被害者の血がべっとりと付いた包丁が転がっていて、そこに指紋が付着したら、その指紋の主を犯人として即逮捕し、徹底的に追及する。それが思い込み捜査ということになる。

フィクションの世界ならともかく、プロの刑事たちが捜査を行う実際の事件で、そんな初歩的なミスは起きるわけがないと思われる方がいるかも知れないが、意外とこれが多いというから驚き、呆《あき》れてしまう。

たとえば、二〇〇〇年十二月に東京都世田谷《せたがや》区で起きた宮沢《みやざわ》さん一家四人惨殺事件などは、その典型的な例である。

犯人は年の暮れも押し迫った十二月三十日夜、宮沢みきおさん（事件当時四十四歳）宅に押し入り、宮沢さん夫婦と小学生の長女、保育園児で小学校入学を控えた長男の四人を包丁でメッタ刺しするなどして殺害した凶悪犯罪である。

四人を殺害した犯人は、翌三十一日午前十時過ぎまで現場に居座り、冷蔵庫からペットボトルのお茶を出してラッパ飲みし、メロンを齧《かじ》り、アイスクリームに箱ごとかぶりついていたし、トイレで大便をして便器を汚したまま放置した痕跡《こんせき》が確認されている。

この男は多額のカネには手を付けていないのに小ガネを奪ったり、書類を散々引っかき回して調べた後で次々と浴槽に放り込んだり、三十一日朝までパソコンを操作してインターネット検索するなど不可解な行動を取っていた。そのため、犯行動機については慎重な捜査が望まれたが、警視庁の上層部や捜査幹部らは犯人を「あまり賢くない粗暴な若者か精神障害者、あるいは薬物中毒者」と決めつけ、事件の早期解決を期待した。

何しろ、犯人は現場に凶器の包丁や自分が着てきた衣類、カバンなど大量の遺留品と、足跡をそのまま放置。右手を負傷した犯人は自らの指紋と血痕まで残していたから、そう判断することはある意味、無理ないところかも知れなかった。

「犯人は午前十時過ぎになって逃げており、ケガをして血を流しているから、鉄道やバスなど公共交通機関か病院で網を張っていれば、すぐに捕まる。不審者情報を摑《つか》んで指紋を採取して照合すれば、簡単に逮捕できる」（警視庁幹部）

とタカを括《くく》っていたフシが窺えるが、これこそ思い込み捜査そのものであった。

まず、事件現場で採取された指紋については、警察庁の指紋自動識別システムで前歴者など一千万人以上の指紋と照合したがヒットせず、宮沢家の親族や夫婦の仕事仲間や交友関係、付近住民などの指紋を片っ端から採取して調べたが、適合するものはなかった。冷静に考えれば、身元がバレる恐れがないから平然と指紋を残しただけなのだ。

世田谷事件の場合、こうした思い込み捜査の失敗以外に、警察内部の問題――たとえば捜査態勢とか組織の体質などの問題――が絡んでいたことは事実である。

まず、捜査態勢で言えば、他に殺人や強盗など凶悪事件が多発していて、本来出動するはずの捜査一課の精鋭たちが出払っていたうえ、年末年始の休暇期間に入っていたため、さまざまな部署から緊急招集された捜査員たちは捜査に対する積極的姿勢や連帯感、緊張感にやや欠けているように思われた。

さらに上層部や捜査幹部が秘密保持姿勢を優先するあまり、すべての情報を現場の捜査員たちに伝えていなかったため、捜査員の動きに無駄が多く、情報や意志・方針がうまく伝達しなかった。そのことで、上司と部下、捜査員同士が相互に不信感を募らせ、上層部の妙な楽観視も手伝って捜査は迷走するに至ったのだ。

一例を挙げれば、犯人が三十一日午前中まで宮沢家にいた事実を一部の幹部にしか伝えていなかったため、現場の捜査員は「三十日深夜に不審な三人組が現場付近からタクシーに乗り、下車した後で座席に血痕が付着していた」といった情報の裏付け捜査に奔走するなど、数多くの無意味な捜査活動を強いられた。

逆に三十一日夕方、栃木県日光市の東武日光駅《とうぶにっこう》で、都内からの乗客で右手から出血した三十代の男が駅員から応急手当てを受けた後、逃げるように姿を消したという重要な情報を放置し、一年近くも捜査しなかった失態を演じている。つまり、思い込み捜査を行うことの根底には、警察組織の体質的な問題が横たわっていると言えよう。

こうした警察内部の問題としてはほかに、警察庁幹部や各都道府県警本部長をはじめとする国家公務員Ⅰ種（現在は総合職）試験〝合格組〟のキャリア警察官僚と現場の叩《たた》き上げ捜査員の確執や事件の解決を第一に考える刑事警察と国家の治安維持を最優先とする公安・警備警察の対立、都道府県警間の手柄争いと縄張り主義、警察本部と所轄警察署の対抗意識がある。それらが複雑に絡み合って捜査をますます迷宮へと誘ってしまうのだ。

一九八四、八五年のグリコ・森永事件で大阪府警と兵庫県警が演じた縄張り争いは、後世まで語り継がれるほど壮絶だった。また、犯人の「かい人21面相」の一網打尽を狙った公安警察主導の捜査が行われ、八四年六月の丸大食品脅迫、同年十一月のハウス食品工業（現・ハウス食品）脅迫両事件現場で、捜査員たちは目前にいた一味の重要人物「キツネ目の男」の任意同行を禁じられ、結果的に取り逃がしてしまった。刑事警察の怒りは凄《すさ》まじく、その後の捜査態勢に完全に亀裂《きれつ》が入ったことが未解決に終わった大きな要因の一つであることは間違いないだろう。

また、九五年を中心に発覚した一連のオウム真理教事件でも、我が国初と言えるカルト教団による宗教テロ事件への対応に苦慮する警視庁と、坂本《さかもと》弁護士事件で弁護士仲間らの訴えを軽視して放置しミソをつけた神奈川県警の激しい対立と縄張り意識、相互の秘密保持による捜査の停滞は、目を覆わんばかりであった。そのうち國松孝《くにまつたか》次《じ》・警察庁長官狙撃《そげき》事件について「公安の事件じゃない」と刑事警察に捜査を押しつけ、十分な情報提供をしないでおきながら、その実、犯行を自供したオウム信者の警視庁現職警察官の存在を半年近くも都内のマンションに囲い込んで隠し、独自の捜査を続けた公安警察の醜態は、警視総監の引責辞任、警視庁公安部長の更迭にまで発展した。

紙数の都合でこれ以上は割愛するが、未解決事件の最大の要因は、思い込み捜査と警察内部の問題に起因する初動捜査ミスと言ってもいいだろう。

そして、この王将事件の捜査においても、実は、そのような〝初動捜査ミス〟と言われても仕方がない失敗があったのである。

王将事件の発生から一週間も経たない頃、捜査本部内で「ある捜査指揮」をきっかけに一時期、不穏な空気が流れたことがある。

「上司から突然、『中国人ヒットマンを調べろ』との指示を受けたんや。そりゃ、あの手口やから、実行犯が外国人犯罪組織の人間である可能性は十分あったし、当然、調べとるわ。でも、そんな奴はとうに帰国しとっておらんやろ。ワシら上から指示されりゃ何ぼでも捜査するけど、おらん犯人は捕まえようがないわ。それに国内で何を捜査すりゃええんや。それより社長の殺害動機を調べる方が大事や思うたし、そっちを先にやりまひょって上にも具申したんやけど……」

ベテラン刑事の一人はそう打ち明ける。

当然ながら、大東氏周辺にトラブルがなかったかを調べるのは主力捜査の一つであり、上司がいかなる指示を出したとしても、被害者周辺の捜査を中断するわけにはいかない。本部内では取り敢《あ》えず、被害者周辺捜査から数人の捜査員を割いて中国人ヒットマン捜査に充てるに止《とど》めた。

ところが、しばらくすると、また、上司から同じような指示が飛び出し、しかも、捜査幹部や現場を走り回っている刑事たちを一々呼びつけて念を押す執拗《しつよう》さであった。

指示内容があまりに漠然としていたうえ、指示方法が執拗かつ性急であるなど不可解な点が多かったため、一部のベテラン捜査員らが追及したところ、最初は曖昧《あいまい》に答えていた上司が、こう漏らしたという。

「東京（警察庁）から『ゆっくり捜査しろ』と指示が出ているんや」

唖然《あぜん》とした捜査員たちがそれぞれの人脈を通じて情報の源流を探っていくと、官邸周辺が捜査の行方を気にしてピリピリしているという話が出てきた。それで、捜査本部の空気は「何が何だか分からんが、やる気なくなるわ」（前出の刑事）となった。

この〃不可解な捜査指揮〃の背景に何があったのかについては第5章で述べるが、そこにはキャリア警察官僚対現場叩き上げ捜査員の図式がはっきりと表れている。

これまで未解決事件の原因として、思い込み捜査や警察内部の問題による初動捜査の失敗を挙げてきたが、王将事件の捜査で京都府警はこの「ゆっくり捜査」発言以外にもしばしば「理解に苦しむ捜査」（検察幹部）を行っていた。

たとえば、王将事件発生後、京都府警は直ちに近隣の府県警に広域緊急配備を要請しなかった事実が明らかになった。いくら通報による事件発覚が遅く配備しても間に合わないとしても、また手配をかけるための有力な情報が少なかったとしても、隣の滋賀県まではわずか三キロほどしかないのだから、他府県に逃亡する可能性は非常に高かったはずで、何も手配しない手はないだろう。それとも中国人犯罪組織のヒットマンだから、証拠など残すはずがないと考えたからなのか。

こうした不手際を見ると、前述したグリコ・森永事件で、「かい人21面相」がハウス食品工業の現金輸送車を兵庫県方面に向かわせると思い込んだ捜査本部が、現金輸送車が逆の滋賀県方面に進んだため、犯人逮捕に失敗した事例を思い出さずにはいられない。あの一件以来、警察当局は何の反省もしていないのだろうか。

確かに防犯カメラやNシステムといった機器や設備は格段の技術的進歩と数的な拡充を遂げたが、人的な捜査能力はあまり向上したとは言い難く、王将事件の捜査で見せた数々のもたつきがそれを如実に証明してしまったような気がしてならない。

この広域捜査態勢の失敗で思い出すのが、大阪府警と兵庫県警のライバル意識、縄張り意識の強さと、それが災いした捜査協力態勢の不備である。グリコ・森永事件の捜査でそうした不手際を露呈し、結果的に「かい人21面相」の跋扈《ばっこ》を許してしまった反省と教訓はいったい、どこにいってしまったのか。

《くいもんの　会社　いびるの　もお　やめや》

八五年八月十二日、そう記した挑戦状を送りつけ「かい人21面相」は姿を消した。警察もマスコミも、この挑戦状を「犯行終結宣言」と呼んで一応、事件は終わったものと思っている。それから三十年近く、同一犯の仕業と見られる事件が起きていないのは確かだが、だからと言って「かい人21面相」が再び現れない保証など、どこにもないのである。

新しい〝三種の神器〟とは？

話を王将事件に戻そう。

この事件にも、警察庁の意向を押し付けてくるキャリア警察官僚対現場の叩き上げ捜査員、広域緊急配備を要請しなかったことで浮き彫りになった他府県警との対抗意識と縄張り主義といった警察内部の問題が見え隠れしていることは既に述べた通りである。

また、早々と「中国人ヒットマンを調べろ」という捜査指揮を打ち出すなど、思い込み捜査の側面があることも事実である。

ただ、何度も繰り返すようで恐縮だが、真っ暗な冬の早朝で雨まで降って人通りなど皆無。しかも、長くても数十秒間の犯行で射殺後は素早く逃走したため、目撃情報はおろか銃声さえ聞いた人がいないという不利な条件が揃っていた。そのため、いくら警察内部の問題や思い込み捜査の側面が見られるからと言って、初動捜査の失敗だと決めつけてしまうのは明らかに早計だし、同情の余地はありそうである。

そこで本書はもう一つ、別の視点から「迷宮入りの捜査」について検証してみたい。

かつての捜査と言えば、刑事たちが靴をすり減らして聞き込み捜査に歩き回り、収集した情報を一つ一つ積み重ねていって、有力容疑者を浮かび上がらせる。そして、犯行動機やアリバイ調べ、指紋や足跡、犯人の遺留品との照合……とあらゆる観点から容疑を検討して、確証や確信を得られたら重要参考人として任意同行を求めて事情聴取を行う。そこで証拠を突きつけ、理路整然と、あるいは情を尽くして追及し、相手に犯行を自供させて逮捕する。これこそが刑事の仕事であり、醍醐味《だいごみ》であったと言われてきた。

現在の捜査では指紋をはじめとする物的証拠が何より重要で、容疑性を立証するための科学捜査が全盛を迎えており、検挙率向上、冤罪《えんざい》防止に効力を発揮している。

数年前に退職した元ベテラン刑事が、こう明かす。

「物的証拠や客観的証拠が重要なことはよく分かっているし、それを得るために刑事たちがどれだけ苦労して捜査しているか、やってきた人間なら知らないわけがない。捜査で大事なのは刑事の勘だなどと言うつもりはないが、聞き込み捜査一つ取っても、経験と知識に裏打ちされた想像力、発想力が非常に重要であると言わざるを得ない。今の若い警察官は聞き込み先で平気な顔して『不審な車を見かけなかったか』と聞くが、尋ねられた方はどんな車が不審なのかよく分からないよ。だから急発進したとか長時間の不法駐車車両しか出てこない。警察官の目の付けどころ、質問の仕方一つで有力な情報が得られるかどうかが決まるんだ」

話している本人が「引退した年寄りの愚痴に過ぎない」と謙遜《けんそん》するので、取り敢えず、そう聞いておくが、聞き込みなど捜査員の技量が低下していることは確かなようである。

それに都会では少子高齢化に核家族化、地方では少子高齢化に過疎化が進み、個人情報保護方針の普及やプライバシー意識の向上などもあって、隣家に誰が住み、何をして暮らしているのかが分かりにくくなっている。そのため聞き込み捜査の効果が現れず、相互監視態勢による犯罪抑止効果も見込めないのが実情だ。

「まぁ、何から何までやりにくい世の中になったものだ。捜査員といえども事件現場の状況によって指紋や遺留品・微物の採取といった鑑識活動が終わらないうちは、現場に立ち入ることさえできないことも多い。殺された被害者の顔や現場の様子も見ずに聞き込み捜査などやりようもないと思うけど、そういう時代が来たってことだ。しかも『物証に合うような事実を摑《つか》んで来い』みたいな指示が上層部から平気で飛び交う有り様だ。今の捜査に必要なのは聞き込みや落とし（容疑者を取り調べて自供させる）の技術といったかつての〝三種の神器〟ではなく、新しい〝三種の神器〟らしいよ」（前出の元ベテラン刑事）

この元ベテラン刑事が嘆く「人的捜査能力の低下」という指摘も分からない訳ではないが、「経験や知識に裏打ちされた想像力、発想力」こそが思い込み捜査を生む元凶の一つであったことも、紛れもない事実なのである。人的捜査能力を向上させ、科学捜査の精度を高めて、互いに扶助し合うような捜査は、果たして出来ないのであろうか。

ところで、新しい〝三種の神器〟とはいったい、何か。

結論から言えば、現在の捜査における〝三種の神器〟とは、防犯カメラとDNA型鑑定、それに携帯電話などの通信履歴照会のことを指すと言われている。

これら三つのツールがなければ、今の事件捜査はにっちもさっちも行かなくなり、迷宮入りとなる可能性が高まると言っても過言ではないだろう。

特に防犯カメラはどんな事件の捜査でも必ずチェックし、犯人の前足・後ろ足（犯人が事件現場までどのルートを通って現れ、犯行後にどんな経路を伝って逃げたか）を調べる重要な手掛かりになるほか、共犯者の有無や下見、見張り役の確認、凶器の特定……などさまざまな捜査に大いに役立っている。

それどころか、場合によっては犯行そのものを映し出し、容疑を断定する決め手となることもあるし、最近の事件の中には防犯カメラの映像だけが頼りという情けない捜査姿勢が見られることも決して少なくない。

まあ言い方を換えれば、防犯カメラは世の出来事や隣人、地域社会のしがらみに無関心で有効な目撃証言をもたらさない人々に代わって、冷静かつ客観的で正確な目撃情報を提供してくれる「非常に役に立つ捜査協力者」である。そして、今や駅構内や繁華街の街頭はもとより、金融機関やコンビニ店からマンション、公園まで人々が生活するエリアの至るところに存在し、しかも、通行人などが見られていることに気づかないような位置や形態で設置されているため、時に有力な手掛かりを提供してくれるというわけである。

防犯カメラは一九六〇年代に英国で万引き防止用に設置されたのが始まりとされる。日本国内では六六年、大阪府警が大阪市西成《にしなり》区のあいりん地区の街頭や公園に設置したのが最初という。当時、同地区に集まる日雇い労働者らが頻繁に暴動を起こし、放火や傷害、略奪騒ぎに発展することもあったため、近隣住民はもとより、警戒に当たる機動隊員らにもしばしば危険が及ぶことがあった。つまり、日雇い労働者らが暴動の兆しを見せる様子を見張る「監視カメラ」であったのだ。

七九年一月には、同じ大阪市住吉《すみよし》区の三菱《みつびし》銀行（現・三菱東京ＵＦＪ銀行）北畠《きたばたけ》支店でライフル銃を持った男が立てこもり、人質の行員ら七人を殺傷する事件が発生。この事件をきっかけにして、金融機関で一気に防犯カメラの導入が進められた。八四、八五年に発生したグリコ・森永事件で、犯人グループの一人が兵庫県西宮《にしのみや》市のコンビニ店で青酸化合物入り菓子を商品棚に置く姿が防犯カメラで映し出され、その映像が後に「ビデオの男」として全国各地に流され、全国各地から四千件以上の情報が寄せられたことも、防犯カメラの普及に大きく貢献したと言えるだろう。

さらに防犯カメラの設置台数が飛躍的に増えたのは九五年三月の地下鉄サリン事件である。オウム真理教信者が地下鉄車内にサリンの入ったビニール袋を置き、傘で突き刺すなどして毒ガスを発生させたことから、鉄道会社や乗客が車内や駅構内などに置かれた不審な荷物や、怪しげな行動をする人物に対し、関心を持つようになったからだ。

政府がJRや地下鉄の駅などに防犯カメラを設置するように要請したことも、東京メトロ（旧・営団地下鉄）全駅構内での防犯カメラ設置に繋《つな》がった。

だが、市民の行動や生活を監視する形になる防犯カメラに対しては当然、プライバシー侵害に当たるとの批判が人権派弁護士や市民団体などから噴出した。しかし、社会の治安が保たれているかどうかを探るバロメーターとされる刑法犯の認知件数が、二〇〇二年に過去最高の二百八十五万件に達し、外国人犯罪グループなどによる凶悪犯罪が増加したことも、防犯カメラ普及の追い風となった。

警視庁は〇二年二月、チャイニーズマフィアを筆頭にした外国人犯罪組織による殺人・強盗事件が多発していた東京都新宿区の歌舞伎町地区全域に、警察当局が主導・運営する形で防犯カメラ五十台を設置。その結果、歌舞伎町地区の凶悪犯の認知件数が三分の一に減少するなど、防犯効果が実証された。

さらに一一年に東京都目黒《めぐろ》区で起きた老夫婦殺傷事件や、一二年のコンピューター遠隔操作ウィルス事件などで、防犯カメラの映像が決め手となって犯人逮捕にこぎ着けたことも大きかった。

また、一二年には防犯カメラの映像が逃亡中のオウム真理教幹部、高橋克也《たかはしかつや》被告の潜伏先の出入りから、逃走経路、ATMでの逃走資金引き出しなどを丹念に追跡し、身柄の発見・逮捕に繋がったため、人々の暮らしを守るガードマン、事件解決を目指す捜査ツールとしてすっかり定着した。

公益社団法人・日本防犯設備協会によれば、今や防犯カメラの設置台数はコンビニなどの民間の一般店舗分も加えると、全国で数百万台を突破したという。

文字通り、犯罪者の行動を下見などの準備から犯行、逃走、潜伏まで突き止めるほどの威力を発揮し、犯人を追い詰める「目」としてすっかり市民権を得た感がある。

この王将事件でも防犯カメラが捜査に役立っているし、前出の捜査員の言葉を待つまでもなく「隣の倉庫の防犯カメラ（本社前カメラ）がなかったら、事件は皆目分からなかっただろう」と危機感を募らせたほどであった。

今回の王将事件ではあまり登場しないが、せっかくの機会なので紹介しておく。DNA型鑑定も捜査の様式や考え方を大きく変えたツールの一つと言っていいだろう。九二年の導入時には一年間でわずか二十二件しかなかった鑑定数が、今や年三十万件に迫る勢いで、これまで事件捜査の主役であった指紋鑑定に加えて、高精度の「捜査の切り札」となっている。

DNA型鑑定とは、細胞内にあるデオキシリボ核酸（DNA）の塩基配列や繰り返しのパターンが個人ごとに異なることを利用し、同じ配列の出現頻度から個人を識別する鑑定法。血液や体液、皮膚片などを採取して鑑定するのが一般的で、現在は十億分の一グラムという微量でも鑑定できるという。

このDNA型鑑定法は八五年頃に英国で開発され、日本国内では八九年に科警研が実用化したが、当初の鑑定精度（別人と一致する確率）はDNAの塩基配列測定法が確立されていなかったこともあって、二十五人に一人（現在は四兆七千億人に一人）程度に過ぎなかった。

実際、翌九〇年に栃木県足利《あしかが》市で起きた女児誘拐殺人事件でDNA型鑑定を行った際には、血液型鑑定と組み合わせる形で個人識別の精度は一千人に一人まで上がったものの、結果的に誤まった判定となり、無期懲役刑が確定して服役していた男性の再審請求が認められ、二〇一〇年に再審無罪が確定している。

警察庁は〇四年から未解決事件の犯行現場に残された毛髪や体液などのDNA型（遺留DNA型）をデータベース化している。そして、翌〇五年には逮捕された容疑者のDNA型も加えられ、遺留DNA型は約三万九千件、容疑者DNA型は約四十六万七千件に達している。

この遺留DNA型を容疑者DNA型と突き合わせた「遺留照会」による一致は八千件近くに上っており、逆に容疑者DNA型を遺留DNA型に照会する「余罪照会」による一致は約二万三千件もあり、まさに捜査の切り札となっている。

一方、携帯電話は通信履歴照会によって、被害者の事件直前行動把握や交友関係の割り出し、犯人像の絞り込みなどに威力を発揮する捜査ツールとして活用されている。

今はそれだけでなく、GPS（全地球測位システム）機能を使って捜査対象者の居場所や行動を密《ひそ》かに確認する捜査手法が登場している。捜査令状なしに行えば違法な人権侵害に繋がりかねないが、普及拡大は必至だろう。

これら新しい捜査手法は事件捜査の効率を大幅にアップし、犯人逮捕の可能性を大いに高めたが、半面、それら科学捜査に頼り過ぎた捜査を行うことで、警察全体の捜査能力が低下していることも事実である。そこに警察官のサラリーマン化や激しい出世競争、IT機器操作能力を重視・高評価し過ぎた主要ポストへの登用と予算優遇など組織構成上の問題点が加わり、逆に未解決事件が増加する危険性を孕《はら》んでいるのが実情だ。

こうした科学捜査偏重は人的捜査能力低下という弊害を生み出しており、王将事件の捜査でもその実例が現れてきている。

たとえば、捜査本部は実行犯の逃走ルートを防犯カメラの画像を繋ぐことで追跡したが、画面から姿を消した途端に、全くのお手上げ状態になってしまった。しかも、逃走ルートの延長線上にある京都市山科区内の路上で、同区以外の住民から盗難届が出ていた数台のオートバイを発見し押収したにもかかわらず、それが王将事件に使われたオートバイと断定できるところまで捜査が進展していないのだ。（その後の捜査状況については文庫特別編に書いたので参照して下さい）

苦しませて殺す「処刑」か

王将事件では有力な物的証拠や目撃情報がなかった。捜査本部は、犯行や逃走の模様を辛うじてキャッチした防犯カメラに頼った捜査を展開したが、途中で犯人を見失ったため早々にお手上げ状態になるなど、初動捜査は失敗したと言っていいだろう。

そのうえ、捜査本部は中国人ヒットマン犯行説とは別に一時、思い込みによって誤った捜査方針を決定し、捜査が迷走しそうになったことがある。

その原因の一つが、大東氏の財布やスーツの内ポケット、車内の紙封筒などに合計百数十万円の現金が手つかずで残されていたことだ。

この一点を以《もっ》て警察上層部は、王将事件が大東氏個人か、「王将」という会社に対する怨恨《えんこん》を晴らすことを目的としたもので、カネ目当ての犯行ではないと決めつけてしまったところがある。確かに目前に大金がほぼ裸のまま転がっているのを見て、奪わないどころか車内を物色さえしなかったら、カネ目当ての犯行とはまず考えられないだろう。

ただ、大東氏を射殺した犯人は、暗闇で落ち着いて四発連射し致命傷を与えた手口から言ってもプロの暗殺者である可能性が高い。そうなると、事件の黒幕とも呼べる主犯は、企業トップを暗殺することで会社側を恐れさせ、もっと多額のカネを脅し取ろうとしたのかも知れず、それならカネ目当ての犯行と言っていいだろう。

カネ目当ての犯行とは文字通り、金品の奪取を目的とした犯行のことだが、タンスの引き出しなどから小銭を盗む「物盗《と》りの犯行」とは違い、目先の金品にとらわれることはない。つまり、犯行現場に現金が残されていたか否かだけで、犯行動機を軽々しく断定するのは間違いで、これも思い込み捜査に繋がると言われても仕方あるまい。

むしろ、大東氏が百数十万円の現金を数十万円ずつ小分けして紙封筒などに入れ持ち歩いていたことに、不審を抱かなければなるまい。「王将」社員らの証言によれば、大東氏は常々、財布や洋服、車内などに多額の現金を所持していたというが、それらが何に使われるのかを知る者はほとんどいなかった。

捜査本部もそのカネの使途について会社関係者から事情を聴いているが、「よく分からない」で終わっていたのが実情だ。犯人の遺留品がほとんどない現場において重要な〝物証〟になりかねない現金だけに、さらに捜査を広げる必要があったのではないか。

実は、このカネには重大な意味が隠されていたのだが、それについては後述する。

次に、カネ目当てではないから怨恨による殺人という、これまた思い込み捜査について述べる。企業の幹部らが殺害された場合、その幹部の性格や仕事内容などで個人的な恨みはどんどん膨らんでいくし、会社に対する恨みとなると、創業当初からの会社の歴史や人脈、政治的経済的な背景など、これまた膨大な犯行動機らしきものが浮かび上がる。

それゆえ企業が標的となった事件の捜査は難しく、大半が未解決事件となっている。王将事件の犯行動機全般と捜査内容については次章で、大東氏個人や「王将」に対する怨恨など、個々の犯行動機に関しては第3章以降、綴《つづ》っていこうと思っている。

ここでは、それらの捜査がいかに難しいかを示す、象徴的な事実を述べてみたい。

実行犯は下見や見張り役の仲間とともに、大東氏が駐車場に到着直後、潜んでいた駐輪場から出て正面から接近、至近距離で四発連射して殺害し、素早く逃走したと見られる。

大東氏の胸や腹という致命傷になる部位を選んで銃撃しており、大東氏の殺害が目的であることは明白だが、それにしては不可解なことが二点ある。

一点目は、使用した拳銃の種類である。

犯行現場に残された薬莢などから、使われた銃器が二十五口径自動式拳銃であることが判明している。

二十五口径拳銃は小型で持ち運びには便利だし、火薬量が少ないため発射音は小さく、発射時の反動が小さい。そのため、非力な人間でも使いやすいなどの利点があるが、その一方で、殺傷能力や命中率は三十八口径などと比較して低くなっている。

また、自動式拳銃は二発目以降を撃つ時には引き金を引くだけでいいため、回転式拳銃より連射に向いているとされるが、装弾不良などトラブルも多く、プロの殺し屋はもとより暴力団のヒットマンでさえあまり使わないという。

暗殺者も命懸けだから、いざと言う時に故障する確率の高い自動式拳銃は使いたくないし、相手側の反撃を防ぐためにも三十八口径程度の拳銃を使って確実に致命傷を与えたいと思うのは当然だろう。

そのため一時、捜査本部内でも素人の犯行ではないかとの見方が出たが、自動式拳銃は発射するたびに銃を持つ手に衝撃が伝わるため、短時間に立て続けに撃つことは難しいとされるのに、いくら至近距離とはいえ暗闇の中で躊躇《ちゅうちょ》なく発砲し、一発目を食らった相手が倒れるまでの間に三発連射。しかも、胸や腹の急所に命中させていることから、やはりプロの犯行であるとの見方に落ち着いている。

第二の疑問点は、弾丸を撃ち込んだ部位である。

プロの殺し屋は標的に対して短時間で確実に致命傷を与えるため、一発目は頭部に撃ち込むケースが多い。その後で時間や弾丸に余裕があれば、あるいは相手に何か意図するところがあれば、他の部位を撃つこともある。が、王将事件の実行犯は四発連射後、弾倉に数発残っているはずなのに撃つのを止めており、中途半端な銃撃と言わざるを得ない。

九四年九月、名古屋《なごや》市千種《ちくさ》区のマンション十階に住む住友銀行名古屋支店長が自室前で射殺された企業テロ事件でも、犯人は三十八口径米国製回転式拳銃で至近距離から一発で眉間《みけん》を撃ち抜いていた。つまり、高額の成功報酬を得て殺しを生業《なりわい》とする専門家であれば、腕に自信のある暗殺者であるほど、一発で仕留める傾向が強いのだ。

そうなると、二十五口径の拳銃で頭を狙わずに四発連射したという王将事件の殺害手口は、いったい、何を意味しているのか。

「犯人を捕まえてみんことには真意は分からんわ。でも、至近距離から胸や腹を撃っとれば、確実に致命傷にはなるけど、死ぬまでに時間がかかる。社長は最初の一発を食らった後、地べたに倒れ込むまでの間に立て続けに三発撃ち込まれとる。そりゃ、撃たれた方はショックやで。まだ夜が明けておらん暗闇の中、自分の会社の前で誰にも発見されず、身体からどんどん血が噴き出し、周囲に血溜《だ》まりが広がるのを感じながら、たった一人で息絶えていく身になったら、どう思うかの」

そう解説するのは、大阪府警で暴力団を担当してきた老練刑事。彼は詳しい捜査内容は知らないと言いながら、長年にわたり暴力団のヒットマンや外国人犯罪組織が放ったプロの殺し屋を相手に捜査してきた経験から、こう続ける。

「暗殺者ちゅうより依頼主の狙いは、社長を苦しみ、のたうち回らせながら殺害することやったんやないか。あの犯行現場と社長の遺体からは、メッチャ強い怨念《おんねん》のようなものを感じるんや。犯人かて、すぐ近くまで寄っとるのに頭を撃って一発で即死させんし、さらに全身に残りの弾丸をすべて撃ち込んで止《とど》めも刺しとらん。何か、チャイニーズマフィアが裏切り者を処刑する儀式のような匂いさえするわな」

確かに、大東氏は撃たれてから十五分ほどは息があったとの記録が、解剖所見に残っている。そして、出勤してきた社員によって大東氏が発見されたのは、それからさらに一時間ほど経った午前七時になってからだから、彼は一時間以上、血溜まりの中に横たわっていたことになるのだ。

社長個人か、または「王将」への怨恨か、それとも会社を脅して多額のカネを得ることが目的だったのか――。王将事件は、実は発生直後、いや銃口から弾丸が発射された瞬間から波瀾《はらん》含みの展開を見せており、警察上層部の〝不吉な予言〟を待つまでもなく、迷宮入りに向けてまっしぐらに進んでいたのである。

第2章　企業テロ

闇から現れた二十五口径

「へぇー。あのおやっさん（第1章に登場した大阪府警の老練刑事のこと）がそんなこと言ってましたんか。『かなり強い怨念』ねぇ。さすがは大阪府警の強面《こわもて》刑事やわ。よう分かっとる。でも、それにしちゃ、ワシんところに誰も何も聞きに来んな」

ナニワの問屋街として知られる大阪市中央区船場《せんば》にある小さな喫茶店で、その男はいつもの〝思わせぶりな口調〟で、そう語り始めた。

この男、関西の暴力団などから〝ややこしい仕事〟を頼まれては、その道の専門家らにそれぞれ繋《つな》ぎを取って商談を成立させる「事件師」として知られた人物である。

彼のもとには指定暴力団二次、三次団体の若頭クラスの幹部からヤミ金融業者、三K職場や「ヤバイ仕事」にワケありの労働者を送り込む手配師、振り込め詐欺集団のリーダー、いっぱしの企業舎弟風に出世した半グレ集団の幹部、覚醒剤《かくせいざい》の売人、若い美女を騙《だま》しては風俗業界に売り飛ばす〝遊び人〟……など多種多彩の人間が出入りしていた。

福島県の東京電力福島第一原子力発電所の爆発・放射性物質漏れ事故後、高濃度の放射線を浴びる危険に晒《さら》されながら現地で除染や後片付けなどを行う現場作業員として、大阪市西成区のあいりん地区などにいる日雇い労働者や、多重債務者など〝ワケありの人々〟を大量に送り込む道筋を付けた一人でもある。

そして、そうした有象無象の連中に、拳銃密売組織のメンバーと拳銃購入を望む客の代理人が含まれ、「事件師」が拳銃密売の仲介・斡旋《あっせん》も生業としていることは明白だ。

「昔は、おやっさんのような極道（暴力団）係の刑事や、あんたら（事件担当の）マスコミのお人もよう姿を見せとって、いろいろと話を聞かれたり、逆に情報を教えてもろうたもんですわ。でも、暴対法（暴力団対策法）やら暴排条例（暴力団排除条例）ができて、何かとうるさくなってからは、とんと姿を見せんようになったな。あの法律は極道にとっては致命傷やが、警察も極道筋の情報が取れんようになって、捜査が難しくなったんやないか。昨今の極道絡みの殺しなんかは、よほど極道の方がドジ踏むか、警察が放す（処分保留で釈放するか不起訴処分にする）こと分かっててパクる（逮捕する）か以外は、まず捕まらんで。お宮（迷宮）入りばっかりやな」

この「事件師」は苦笑しながら、そう呟《つぶや》いた。

確かに、かつての暴力団絡みの事件は、警察当局が暴力団の上層部に圧力をかければ、組織の内情や周辺をあまり探られたくない暴力団側が、中堅以下の組員（実際の犯人とは限らない）に因果を含め、凶器の拳銃などを持たせて警察署に出頭させて、捜査の幕引きを図るといったやり方が横行していたとされている。

被害者が一般人ではなく暴力団関係者であれば、それはあくまで暴力団同士の抗争事件であり、誰が何の目的で殺害させたかという事件の筋道さえ判明すれば、誰が拳銃を撃ったのか、即ち、実行犯の正体は関係ない。

そう言わんばかりの捜査を行っていたのである。もっとも、検察庁や裁判所などの司法の世界でも、暴力団組員の生命は軽く見られていた感があり、組員一人を殺害しても懲役六年から八年前後の判決が下りることが多かったことも事実である。

ただ、現在の状況は全く違う。一九九五年の銃刀法改正で、拳銃を弾《はじ》いただけで、相手の生き死にや負傷したか否かは関係なく、《無期または三年以上の懲役》となるし、組に所属する末端のチンピラが拳銃を撃つどころか所持していただけで、そのチンピラの顔を見たことがないような組長が使用者責任に問われて逮捕される可能性が高いのだ。

山口《やまぐち》組六代目の司忍《つかさしのぶ》組長が就任後、丸六年間も刑務所に服役していたのは、九七年八月に神戸《こうべ》市のホテルで宅見勝《たくみまさる》・五代目山口組若頭が射殺された際、大阪市にいた司若頭補佐（当時）の身の安全を守ろうとしたボディガード役の組員が拳銃を所持していたことで、共謀共同正犯に問われたからにほかならない。

それゆえ、今の暴力団幹部は安易に拳銃を発砲したりはしない。詰まらない行為で自分が逮捕されるだけならまだしも、組長まで捕まってしまうのでは割に合わないし、下手して組が解散させられることにでもなれば、大損害になる。だから無闇やたらに拳銃を所持したり、ましてや発砲したりはしないのだ。

もし現在、やたらに拳銃を撃つ暴力団組員がいたとすれば、それはやくざの意地や面子《メンツ》を賭《か》けて、長期の刑務所暮らしを送る覚悟を決めて相手を射殺する確信犯か、ガラス割り（敵対勢力の事務所に弾丸を撃ち込んで窓ガラスを割る程度の銃撃をする行為）ならバレないだろうとタカを括《くく》っている末端組員のどちらかしかいないだろう。

それでも我が国で「拳銃」と言えば、その売買や密輸、密造などに暴力団が絡んでいるケースがほとんどである。いくらインターネットが普及し、何でも買える時代が来たとはいえ、さすがに拳銃だけは簡単には入手できない。現在、日本国内で暴力団構成員が所有する拳銃は五万丁から六万丁に上ると言われ、全国の暴力団構成員（一三年末で五万八千人余。準構成員を含む）が一人一丁所持するほどの拳銃があるとされている。

八〇年代から九〇年代にかけて起きた山一抗争（山口組四代目組長の襲名をめぐり分裂した山口組と一和会《いちわかい》による激しい対立抗争事件）や、山口組の東京進出に伴って発砲事件が激増。九二年には年間発砲件数が二百二十二件に上ったため、危機感を抱いた警察当局は毎年、「平成の刀狩り」と呼ばれるほど徹底的な拳銃摘発に乗り出した。

特に國松孝次・警察庁長官狙撃《そげき》事件が発生した一九九五年には、各都道府県警で集中的な取り締まり・パトロールを実施したにもかかわらず、年間の拳銃押収量が千八百八十丁しかなかったというから、いかに野放し状態になっていたかが分かるだろう。

ただ、拳銃押収量は年々減少傾向にあり、一三年に全国で押収された量はわずか四百七十一丁で、最も多かった九五年の三割弱しかなかった。これは「事件師」が語った通り、警察の捜査能力低下で拳銃密売の実態を摑《つか》めなくなったことが理由として挙げられる。

これまでの拳銃摘発の実態は、警察・暴力団双方とも公には否定しているが、警察当局の圧力で暴力団側が拳銃の隠し場所を教えるなどして〝差し出してきたケース〟が多く、そこには双方の言わば「持ちつ持たれつの関係」が存在していたという。

しかし、警察側が暴力団の協力で拳銃を押収したように見せかけて「点数稼ぎ」をしたり、その見返りとして捜査情報を暴力団側に流し、入手した拳銃を密売するなどの不祥事が一部の警察で発覚し、市民から厳しい批判を浴びた。

また、暴対法施行後、警察への対決姿勢を強めてきた暴力団が捜査に〝協力〟するはずもなく、従って、警察当局も拳銃密売取引や秘匿工作などの情報を全く取れず、徒《いたずら》に武器の増加を許しているのが実情だ。

国内最大の暴力団・山口組、特に六代目組長の出身母体組織である愛知県の弘道会《こうどうかい》が、組長の組員に対する使用者責任や共謀共同正犯の適用で罪が問われるようになり、司忍・六代目組長はじめ山口組最高幹部が相次いで逮捕された。そのことに警戒を強め、警察への敵対意識を増幅して、情報管理を徹底したことの影響も大きかった。

もっとも、そんな暴力団でも、実際に二十五口径自動拳銃を扱った例はほとんどない。何しろ暴力団に需要がないため、ことに最近は全く扱っていないという。

「二十五口径の拳銃は米国辺りじゃ年間五十万丁は出回っとって、それこそオフィスの机や家庭のタンスの引き出しに仕舞ってあるほど、あちこちにゴロゴロしとるやろうけど、日本ではなかなか手に入らんはずや。昔は米国から鉄鉱石などを積んで来る貨物船に紛れ込まして運んどった時期があったが、今はロシアのカニ密漁船の船員が小遣い稼ぎに、北海道辺りの漁港にこっそり持ち込むぐらいがせいぜいやな。国内や周辺で流通しとるいう噂も聞こえて来んし、いったい、どこから持ち込んで来たんやろうか」

前出の「事件師」のもとに出入りする拳銃密売業者は、そう明かす。

彼の話によると、最近は暴力団以外のルートで拳銃が流れ込んで来るケースが増えており、一般人の手に渡っていることが多いらしい。特に超小型とかペンシル型といった特殊なタイプの銃や改造拳銃などによく見られる事例だという。

大阪府警によれば、一三年九月に大阪府松原《まつばら》市の会社役員が中国籍の元従業員に射殺された事件で、使用された拳銃は入手ルートをいくら捜査しても暴力団の存在が全く浮上せず、元従業員の周辺にも暴力団の影がチラつくこともなかったという。

改造された弾丸

「あんな小さな拳銃、ワシはよう使わんわ。二十五口径の（拳銃の銃口の）内径は六ミリしかないんや。（弾丸を）四、五発撃ち込まれても倒れんような化け物相手に蚊が刺したような傷与えても、どうにもならんわ。相手のタマ（命）取りに行く時はやっぱ、サンパチ（三十八口径）のレンコン（回転式拳銃）やろ。そこそこデカい銃の方がええで」

と語るのは関西の暴力団幹部。こうも言う。

「二十五口径（の小型拳銃）は欧米の偉い人やその嫁はんがカバンなどに入れて、護身用にこっそり持ち歩く道具やで。相手に致命傷を与えにくいんで、ワシらの業界では需要がほとんどないわ。タマ取りに行って逆に取られたんじゃ仕方ないもんな」

別の暴力団組員が、こう続ける。

「オート（自動式拳銃）は、引き金を引くだけで二発目からも簡単に撃てるから連射には向いとるんやが、いざと言う時に嚙《か》む（装弾不良になる）んで、使い勝手がええとは言わん。まあ、危なくて使えんわ。それに、いくら火力が弱くて撃った時の反動が小さいから言うても、一発ずつ手に衝撃が伝わるから、連射で急所に全弾命中というのは、プロというか連射の技術を持ち、連射慣れしとる人物の仕業やな」

関西に拠点を置く暴力団の関係者たちはなぜか、王将事件に対する関心が極めて高く、発生当初は寄ると触るとその話で持ちきりであった。

「餃子の王将」というブランドに対する関心度の高さというより、関西の闇社会の住人たちにとって、どうやら「王将」は〝儲《もう》かっている会社〟であり、一度は標的にしてみたい企業というイメージが強いようである。

しかし、標的としての魅力とは裏腹に、その殺害方法と凶器の拳銃については「なぜ、あんなオモチャみたいな銃をわざわざ使ったのか。車から降りようとするところをサンパチで一発、頭を撃ち抜けば終わっとったのに……」と今一つ、評判が悪いようである。

二十五口径の拳銃と言えば、米国のコルト、イタリアのベレッタという二大ブランドが有名で、ほかにベルギー製拳銃やロシアから密かに入ってくる改造拳銃などがある。最近では3Dプリンターを駆使して製造した改造拳銃まで登場したというから、拳銃密売をめぐる捜査がますます難しくなった、と捜査員は嘆いている。

それでも過去二十年間で二十五口径拳銃を使った国内の事例は数十件あり、捜査本部は銃の指紋とされる線条痕《せんじょうこん》（弾丸に刻まれる溝）を照合し鑑定したが、一致しなかった。実行犯は拳銃の入手ルートを特定できないと見越して、平然と薬莢を残したのである。

「王将の事件はワシら極道は関係ないで。ドンパチ（抗争事件）華やかなりし頃やバブルでカネが唸《うな》ってる頃には確かに、ヒットマンを独自に養成している組があった。組員を海外に行かせて射撃訓練を積ませたり、米国や韓国の軍隊経験者や傭兵《ようへい》のもとで殺人・戦闘のテクニックを学ばせたりしたたな。今は暴対法でボディガードの若い衆が拳銃を持っていただけで、組長も使用者責任を問われ、刑務所に入らなならん。よほどのことがなくちゃ、組を潰《つぶ》す覚悟で殺人を犯す奴はおらんで」

そう話すのは前出の暴力団幹部だ。

「かつて山口組系武闘派組織のヒットマン部隊が、黒幕と呼ばれた政界の大物代議士と組の最高幹部の後押しを受けて、東証・大証一部上場企業の役員を襲撃し殺害したり、傷害や恐喝を働いて企業そのものを恫喝《どうかつ》したことがあるんや。もちろん、そうした暗躍の陰で多額の現金を奪い、大規模な利権を獲得し、相当な利益を上げたと専らの評判やった」

前出とは別の暴力団幹部は、そう打ち明け、さらにこんな話を披露した。

「その組織の名前が何と、今回の王将事件でも取り沙汰《ざた》されていて、暴力団担当の捜査員が走り回っとったんや。その組の上部団体が京都の土木利権を狙って蠢《うごめ》いていた時やったし、名前が出た組は火消しに躍起になっとったわ」

企業テロ。企業を標的とした殺人や拉致《らち》・監禁、傷害、放火、恐喝、詐欺……と、ありとあらゆる犯罪を総称して「企業テロ」と呼ぶ。

犯行動機は、特定の企業や企業トップへの恨みや、金銭トラブルなどの問題があるとは限らない。業界や財界あるいは社会全体に対する何らかのメッセージがある場合もあるし、標的が国家や地球全体といったスケールの大きな対象であることも少なくない。

また、多額の金品を奪取することを目的とするケースもあり、一般的な身代金の受け渡しもあれば、株価操作による利益供与、昨今はサイバー攻撃などによる他社や他業種から金品を奪う手口まであり、多種多様と言っていい。

しかも、企業のトップや役員らが殺害された事件の場合、犯行動機を持つ者（主犯）と実際に拳銃や短刀などで殺害する者（実行犯）が異なるケースが圧倒的に多い。

そのため、凶器の拳銃から発射された弾丸や薬莢をはじめ犯行現場の遺留品、現場周辺の聞き込み捜査などから実行犯を追い詰めていく捜査と、被害者の交友関係や取引関係、所属する企業の置かれた状況や仕事上のトラブルなどから犯行動機を持つ人間を割り出していく捜査の、少なくとも二本立ての捜査をしていかなければならない。

そして、その双方が交錯し、接点を持ったところに真犯人がいるというわけだ。が、それぞれの捜査が「物証、手口、犯行動機とどれを取っても単純なものはなく、一筋縄ではいかない難しい捜査の連続」（ベテラン捜査員）となり、結果的に、ほとんどの企業テロ事件が未解決事件として残っているのが現状である。

企業テロ事件は概《おおむ》ね被害者となった企業のトップや役員たちが不良債権処理とか、大型プロジェクト事業の裏工作など「ややこしい仕事を担当している」ことが多く、犯行動機に繋《つな》がりそうな問題点を山ほど抱えている。そのうえ世界各地のビジネス最前線で激しく闘っている企業にはさまざまな事情とかトラブルがあり、被害者がなぜ殺害されたのかという根本的な問題を絞り込んでいくだけで、捜査の難航が十分に予想される。

さらに、実行犯のほとんどが「カネで雇われたプロの殺し屋」であることも、捜査員にとっては悩みの種だ。彼らは犯行現場に証拠を残すような真似はしないし、大抵は犯行を手助けする複数の仲間がいて、十分に下見したり目撃者が現れないように見張り役を務めたり、現場から素早く逃走できるように地元の地理に明るいドライバーを配したりしているため、犯人の正体を割り出すどころか、犯行や逃走の痕跡さえ摑《つか》むことが難しい。

事件の黒幕が政治家や財界人、または闇社会の大物フィクサーであった場合は、誰もが知っているような渦中の問題を解決するためという非常に分かりやすい犯行動機であったり、犯行を依頼したのが自分と関係の深い、あるいは息のかかった暴力団や政治団体などの場合は、事件の構図を摑み取り、容疑者を浮上させる（犯人を逮捕できるか否かは別にして）ことは比較的容易であろう。

ところが、実際に起きた企業テロ事件の大半がそうなのだが、主犯と実行犯の間に複数の、もしくは相当多くの人間や組織を介在させて、直接の繫がりがないか、非常に分かりにくくしており、双方の接点を摑むことは至難の業と言っていい。

ましてや、最近は実行犯として外国人のヒットマンや犯罪組織のメンバーを使うことが多い。彼らはそれが殺害であれ、殺されるという恐怖心を味わわせるだけの恫喝であれ、犯行直前に来日し、主犯から要請・指示されたことだけをサッと行うと、素早く国外に脱出して二度と戻って来ないため、その足跡を辿《たど》ることさえ難しい。

「今、どうしても誰かを殺《や》らなならん時は、中国人のヒットマンを雇うわ。その方が証拠は残らんから後腐れないし、カネも大してかからん。手っ取り早くてええわ。それに下見や見張り、逃走を手助けする日本人なら、絶縁・破門された元極道やら半グレがいくらでもおる。そうした連係プレイは、日中強盗団でしっかりと役割分担しと

るから、慣れとるやろう。中国人を使うのがトレンドやで」（前出の暴力団幹部）

今回の王将事件でも、周到な準備と素早い襲撃、確実に致命傷を負わせる腕前からプロの犯行であることは間違いない。特に暗闇の中、大東氏が車から降りた直後の短い時間に四発発射し、標的が立っている間にすべて致命傷を与える部位に命中させる凄腕《すごうで》、既に出勤していた社員や近隣住民に全く気づかれずに素早く逃走した手際の良さから、経験豊かで百戦錬磨の暗殺者の姿が連想できる。

そして、使用した銃が殺傷能力の低い二十五口径自動式拳銃であったことから、暴力団関係者の仕業ではないとすれば、やはり外国人ヒットマンの可能性が高いと言わざるを得ない。ただ、一発で頭部を撃ち抜くといった必殺の気配が犯行手口に感じられず、護身用の小さな銃を使い、すぐには殺さず、死亡するまでに時間がかかりそうな傷を与えている手口から、主犯の狙いが単なる殺害ではなく、むしろ被害者を苦しめることにあったのではないかと感じさせる犯行だった。

そのため捜査本部は真っ先に被害者に公私両面で恨みを抱く者がいなかったかを徹底的に調べ、その後も捜査の重点項目に掲げていた。

しかし、こうした見方は単に犯行手口から推測した、というだけではなかった。捜査本部は未《いま》だにその事実を公表していないが、実は、犯人の目的が被害者が苦しむ姿を確認してから殺害することにあった事実を裏付ける物証があったのだ。

科警研が弾丸の線条痕を鑑定した結果、使用されたのは米国の銃器メーカー「コルト」社が製造・販売した二十五口径自動式拳銃「コルトM1908オート」と判明した。

プロの殺し屋による犯行らしく、現場に残された薬莢から指紋は検出されなかったが、弾丸には意外な証拠が残されていた。

弾丸は「コルト」社が製造した純正のものではなく、線条痕が極めて浅く、弾頭が横に向けて少し削り取られていることが分かった。この事実からは、銃弾がほとんど回転せず肉を抉《えぐ》るような形で体内に入り込んで止まり、〝すぐ死なない〟ように、弾丸や銃身を加工したことが想定できるという。

こうした弾丸が日本で使われた例はないが、インターポールを通じて世界の犯罪歴などを調べたところ、米国のチャイナタウンでチャイニーズマフィアの構成員が敵対勢力の人間を拷問したり、身内の裏切り者を見せしめにして処刑するために、今回のように銃身や弾丸を加工した二十五口径自動式拳銃を使用したという複数の捜査記録が、FBI（米連邦捜査局）とニューヨーク市警に残っていたのである。

つまり、何者かの意を受けた中国人ヒットマンが、被害者を苦しめるように二十五口径自動式拳銃で連射した可能性が高い、ということになる。

一発数千億円の銃弾

企業テロの捜査が難航するのは、被害者や企業に犯行動機に繋がる問題が多いからだ。そう言ってしまえば身も蓋《ふた》もないが、確かに企業や経営者、特に創業者が一代で築き上げたような会社には、本当に驚くほどさまざまな問題が山積している。

殺害された人間こそ出ていないが、我が国最初の本格的な企業テロ事件と言える一九八四、八五年のグリコ・森永事件は、その典型と言っていい事件であった。

創業者が裸一貫で会社を立ち上げたところは「王将」と同じだが、それ以降、創業家一族が経営の実権を握り、無借金経営を続ける超優良企業の「江崎グリコ」がまさか「かい人21面相」一味の標的になろうとは、同社関係者はもちろんだが、「グリコのおまけ」で育った日本中の人々は誰一人思いも寄らなかったと言っていいだろう。

ところが、大阪、兵庫、京都、滋賀の各府県警の合同捜査本部が調べたところ、江崎家の内紛や社内の労使紛争をはじめ、取引業者や下請業者との金銭トラブル、工場周辺住民との環境汚染問題などが次々と浮上。それぞれの問題に暴力団や右翼団体、過激派崩れの左翼系市民グループなどが絡み、捜査線上は〝容疑者〟だらけになってしまった。

しかも、「かい人21面相」は「江崎グリコ」創業者の孫である江崎勝久《えざきかつひさ》社長を拉致して金塊百キロを要求したり、標的とした食品・製菓六社だけでなく警察やマスコミに対しても挑戦状や脅迫状、犯行声明文を大量に送りつけ、捜査幹部の固有名詞まで挙げて揶揄《やゆ》するなど翻弄《ほんろう》。実際にスーパーなどにわざわざ《どくいり　きけん　たべたら　死ぬで》と書かれたシールを貼りつけた青酸混入菓子を置き、市民をパニックに陥れて悦《よろこ》ぶなどして「劇場型犯罪」と名付けられた。

大量生産・販売された品を犯行に使って現場に残し、《ブツから　アシつく　よおなじゅんび　せえへん（略）つかまらへんで》と自慢したかと思うと、わざわざ「江崎グリコ」が戦前に作った希少価値の高いオーバーを江崎社長に着せて写真を撮るなど〝芝居掛かった犯行〟で、グリコの創業時や戦時中の活動に犯行動機が隠されているのではないかと思わせて、警察の捜査を攪乱《かくらん》したのだ。

また、「赤報隊」を名乗る犯人による八七年の朝日新聞阪神支局襲撃事件は、政財界の不祥事や国際犯罪などを幅広く扱い、数々のスクープを放ったマスコミをターゲットにし、記者を射殺しているだけに、「言論弾圧テロ」の要素も強く、別格の事件と言わざるを得ない。ただ、殺人によって企業・組織の何らかの行動を封じ込めようとすることに狙いがある可能性が高く、その意味では堂々たる企業テロ事件と言っていいだろう。

もっとも、この事件も朝日新聞の報道に恨みを抱く相手が多過ぎたこともあって、犯人はもとより犯行動機すら絞り込めず、結局、迷宮入りとなっている。

我が国で要人暗殺を伴う企業テロらしい企業テロ事件と言えば、九四年九月の住友銀行名古屋支店長射殺事件が挙げられるだろう。

名古屋市千種区のマンション十階に住む畑中和文《はたなかかずふみ》・住友銀行名古屋支店長が自室前の通路で銃撃され、パジャマ姿で死んでいるのが発見された事件だ。犯人は三十八口径米国製回転式拳銃で至近距離から一発で畑中氏の眉間《みけん》を撃ち抜き、ほぼ即死状態であった。

このマンションは完全オートロック式で、訪問客は正面玄関のインターフォンで住民に連絡を取り、ドアを開錠してもらわなければ館内に入れないようになっていた。だが、犯人は易々と侵入しており、十分な下見と逃走を幇助《ほうじょ》する仲間がいたと見られている。

畑中氏は八七年四月から大阪市の梅田《うめだ》北口支店、京都市の四条《しじょう》支店、大阪市の大阪駅前支店と船場支店の各支店長を歴任し、九一年から役員兼務で名古屋支店長に就いた。

梅田北口支店は水商売やパチンコ業者との取引が多く、四条支店は合併問題で大揺れしていた旧平和相互銀行の不正融資絡みの債権処理を抱えていた。また、大阪駅前支店は山口組系暴力団幹部の借名預金口座が多いことで知られ、船場支店は暴力団系企業が取引によく利用していたといい、イトマン事件絡みの不良債権を約四百億円も抱えていた名古屋支店長を含め「闇社会絡みの融資先を抱える問題支店の長を五か所も務めたのは異例中の異例で、常に不良債権回収の真っ只中《ただなか》を歩いてきたと言っていい」（住友銀行関係者）というから、犯行動機に繋がる問題がテンコ盛りという被害者と言える。

八七年からイトマン事件に関与してきた住友銀行の中でも、最初に闇の紳士たちに食い込まれた名古屋支店は別格であり、同事件の中心人物で、闇社会の面々とも交流が深く、〝住銀の天皇〟と呼ばれた会長に反対してきた畑中氏が、その牙城《がじょう》に送り込まれ、闇社会との関係を断ち切る特命を受けて、恨みを買ったとの情報もある。

それとは別に、闇社会との腐れ縁を断ち、厳しく債権回収を始めた住友銀行の〝変節〟に恨みを抱く連中が、その象徴的な標的として畑中氏を狙った可能性も捨て切れない。

住友銀行は当時、このイトマン事件だけでなく旧平和相互銀行との合併劇に絡む金《きん》屏風《びょうぶ》疑惑、国際航業事件で摘発された光進や首都圏の支店長が逮捕された誠備グループへの不正融資など不祥事まみれであった。そして、どの事件も企業テロ事件に繋がる可能性を秘め、バブル経済崩壊後の金融機関特有の緊張感に包まれていた、と言っていいだろう。

特に関西闇社会との取引関係が多いとされた住友銀行は、債権回収担当の全行員に防弾チョッキを支給していたほどで、畑中氏は着用していなかったが、犯人が頭を撃ち抜いたのは、そうした情報を知っていた可能性が高いからだと捜査員に聞かされ、暗殺請負組織の情報収集力の高さに全身が震えたことを覚えている。

一方、阪和《はんわ》銀行副頭取射殺事件も動機と見られるトラブルが多く、捜査員を困らせた。

九三年八月、和歌山市の自宅で社有車に乗り込んだ小山友三郎・阪和銀行副頭取にサングラス姿の男が接近。後部ドアを開け、至近距離から三十八口径ブラジル製回転式拳銃を三発発射し、全弾が小山氏の胸や腹に命中し死亡させた事件だ。小山氏はバブル崩壊後の不良債権処理をめぐって、当時の頭取と対立していた。さらに同族企業特有の派閥抗争に加え、暴力団系企業への債権回収トラブルも多く、未《いま》だ犯行動機は不明のままである。

さらに阪和銀行事件後、関西の企業舎弟が「次は住銀の畑中の番や」と〝予告〟していたことが分かり、金融界に戦慄《せんりつ》が走った。

捜査本部は早い段階から実行犯を外国人ヒットマンではないかと睨み、大阪空港の出入国記録を調べていたし、捜査線上に釜山《プサン》から船で入国した韓国人ヒットマンの存在が浮かんだこともある。阪和銀行と揉《も》めていた暴力団組長が香港マフィアを通じて、二百万円で東南アジア系の殺し屋と契約を結んだとの情報も流れた。

一方の住友銀行事件の方は、拳銃を持って住友銀行本店に押し掛けるという予想外の行動に出た男の存在がクローズアップされた。が、男の供述が曖昧《あいまい》で、拳銃こそ凶器と断定されたものの、身代わり出頭の可能性が極めて高く、本人も途中から自供を翻しており、その後はウヤムヤになってしまった。結局、ほかに有力容疑者が浮上しなかった。

ただ、事件の背景として山口組系暴力団との金銭トラブルが浮上し、そこに下部団体として所属する武闘派組織が畑中氏を付け狙っていたとの情報が出てきたのだ。

警察当局は、この武闘派組織が八九年頃から独自にプロの「暗殺部隊」を創設し、フィリピンなどで実弾射撃訓練を積んでいるとの情報をキャッチしていた。

前出の暴力団幹部が打ち明けた「山口組系武闘派組織のヒットマン部隊」というのが、その「暗殺部隊」のことを指している。

私の取材でも、そのメンバーのうち三人が支店長射殺事件の二日前から当日まで、名古屋市内のホテルに宿泊していたことが分かっている。

さらに、その中の一人は畑中氏の自宅があるマンション周辺で目撃された人物と酷似しており、捜査本部もメンバーの足跡を追ったが、途中で見失ってしまった。そんなメンバーとは別に、香港、台湾系のヒットマンが送り込まれたとの情報が捜査本部に寄せられていたことも事実である。

こうした企業テロ事件は、大半が至近距離からの一発必中の銃撃で致命傷を負わせている。単に見せしめや脅しではなく、犯行を知れば誰もが竦《すく》み上がるという、事件が他の企業に与えるアピール効果を狙ったものと思われる。

住友銀行事件後、企業舎弟が放った一言がすべてを物語っているだろう。

「住銀事件はお灸《きゅう》を据えただけや。銀行は（不良債権回収に）腰砕けとなり、問題案件は手つかずになった。銃弾一発で数千億円の価値があった、と言うことやな」

億単位の鳩レースを楽しむ男

王将事件は明らかに、企業テロ事件である。

企業テロ事件の特徴は被害者の企業トップや役員、あるいは企業自体に犯行動機に繋がりそうな問題が多く捜査が難航する点であり、王将事件もその兆候が見られる。

事件当日に記者会見した「王将」の鈴木《すずき》和久《かずひさ》専務は胸を張って、こう強調した。

「大東社長は気さくで気配りができ、従業員や取引業者、顧客にも人気があった。捜査には全面的に協力するが、思い当たるトラブルは全くない」

この発言が真っ赤な嘘だったというより、故人の名誉を汚さず、会社のイメージを損なわないための方便であり、あくまで建前論であることは、本書を読んで頂ければ一目瞭然《りょうぜん》である。が、それは捜査・取材結果で一つ一つ明らかにしていくしかない。

捜査本部は事件発生から二か月間で延べ五千人近い捜査員を投入、事件現場周辺の聞き込み捜査や「王将」と大東氏個人をめぐるトラブルがなかったかを徹底的に捜査した。

特に、同社役員や古参の幹部社員をはじめ、大東氏がよく通っていたとされる店舗の店長やその地区を担当するエリアマネージャーなどの会社関係者、大東氏の前任社長だった加藤潔《きよし》氏ら「王将」創業者の加藤家の親族・縁者を中心に、大東氏とかかわりが深かった約百五十人に絞って連日、事情聴取を行ってきた。

大東氏は事件当時、大金を所持していたことから、社長に脅迫状や殺害予告文などが送りつけられていたのではないかと見て、社長室をはじめ社内を捜索したが、今のところ、何も発見されていない。また、社内や各店舗の苦情・揉め事処理報告書やお客さまコールセンターなどの報告書からも、大きなトラブルは確認できなかった。

また、社長のスケジュール帳やアドレス帳、タブレット端末、名刺類などを持ち帰り、社長宅で押収した手紙など合わせて計百点を調べたが、トラブルはもとより、事件に繋がりそうな情報は何も出てこなかった。

さらに社長の携帯電話の通信履歴を数年分にわたって照会したが、前章で紹介した通り面談の約束があった社員から事件当日の午前六時二十七分以降、数回の電話があったが、いずれも不在着信となっており、ほかに不審な架電・着信内容なども見当たらなかった。また事件前日から当日にかけて、大東氏が何者かに呼び出されたような形跡もなかった。

犯行現場に残された薬莢《やっきょう》などの遺留品、現場周辺の防犯カメラの回収と点検、自宅周辺から会社周辺までの通勤経路を中心とした聞き込み捜査など、初動捜査についても繰り返し実施したが、これという手掛かりが摑《つか》めていないことは前章で述べた通りである。

事件から二か月を過ぎると、今度は社内の聞き込み捜査範囲を主要役員や幹部社員から全役員、全従業員へと広げていき、捜査の手は同社と交流がある政治家や財界人、官僚らにも及んだ。特に念入りに捜査したのは、同社に出入りする取引業者や下請業者など延べ約七百社で、既に取引関係がなくなった業者や倒産したり吸収合併された業者をはじめ、取引会社から辞めていった元社員まで徹底的に捜査した。

「どんな老舗《しにせ》でも業績好調の優良企業でも、企業という代物はほんまに、いろいろと問題があるんやな」

とは、捜査に携わった刑事がポロッと漏らした言葉だが、前述したグリコ・森永事件をはじめ、企業テロと名が付く事件は、社内外に問題が山積している。

「王将」もまた然《しか》りである。

詳細は第3章に譲るが、「王将」は一九六七年、福岡県出身の故・加藤朝雄氏が京都・四条大宮《おおみや》に一号店を開いたことでスタートし、順調に業務を拡大した。しかし、九三年の朝雄氏急死後、三代目社長に就いた長男・潔氏が遺訓に反して不動産投資など多角経営に走って失敗。約四百七十億円もの有利子負債を抱えて倒産寸前まで追い込まれ、退陣した。

二〇〇〇年に後任社長となった創業者の義弟である大東氏は、思い切った資産売却と不採算店閉鎖を進めて就任二年で黒字化に成功した。〇五年に中国・大連に進出し、〇六年に大証一部に昇格（一三年に東証一部へ移行）を果たすと、一三年三月期の売上高は七百四十三億円と過去最高を記録、一四年三月期も七百六十二億円と更新するなど完全に再生した。社長就任時に四百五十だった店舗は六百八十に増え、一七年の創業五十周年に向けて売上高一千億円、店舗数八百の目標を掲げ、再び始動した矢先の悲劇だった。

この間、社内外で次々と問題やトラブルが起きるなど、急激な業績回復の歪《ひず》みが噴出しており、捜査本部も東京、福岡など六都府県に捜査員を派遣するなど調べている。それらの具体的な内容や捜査結果については順次、報告する。

ところで、捜査本部は当然、大東氏個人に対する恨みがなかったかも調べていた。大東氏は自宅近くで喫茶店を営む妻と二人暮らし。三人の子（一男二女）は既に独立しており、長男は「王将」に入社し、店長として勤めている。本人に女性関係はなく、ギャンブルどころか接待ゴルフもせず、家庭内や家族関係に特に大きな問題はなかった。

さらに「王将」をこよなく愛し、本社や各店舗を自ら清掃することを日課としていたほか、社長に就任後も一日二か所前後の店舗めぐりは欠かさないという几帳面《きちょうめん》で誠実な性格の持ち主。同時に日中にスーツ姿で会社周辺を自転車で走り回るといった気さくな一面もあり、従業員や取引業者から顧客、近隣住民にまで信頼され慕われていたというが、社内の一部からは「真面目過ぎて息が詰まりそうだ」という声が出ていた事実はある。

「生き物を育てるのが好き。会社での人材育成もその一環や」といい、家では水槽に数千匹のメダカを飼っていたほか、伝書鳩やカメ、ザリガニの飼育が趣味だった。

唯一の道楽は伝書鳩レースに興じることで、三代目社長時代に経営陣の一角から外れて時間的に余裕ができたため、熱心に始めるようになったといわれている。

伝書鳩レースは、鳩舎《きゅうしゃ》から遠くに離れた場所で放った鳩が鳩舎に帰り着くまでの時間を競うもので、鳩の帰巣能力が勝敗を決めるポイントとなる。小さい競技を含めると年間数百レースが行われ、競う距離が長いものでは千五百キロにも及ぶという。

大東氏は主要なレースに何度も優勝し、優勝賞金三百万円というレースを自ら主催するなど「関西では名の知れた実力者」（日本鳩レース協会）だった。

自宅には「王将ロフト」と名付けた立派な鳩舎を設け、ドイツ産の血統書付きレース鳩など約三百羽を飼育していた。これらの鳩が一羽平均数百万円はすると言われ、国内に数羽しかいない珍種で一羽数千万円もする「サラブレッド」（同協会関係者）もいるなど、質素堅実な大東氏には珍しく億単位のカネをつぎ込む道楽であったことから、捜査本部は金銭トラブルがなかったかを調べている。

また、この伝書鳩の世界ではヤミで賭《か》けレースが行われ、愛好家間でトラブルになったり、闇社会にとって一レース数千万円という資金源になっている事実が発覚した。

捜査本部は勢い込んで調べたが、大東氏がヤミの賭けレースに参加したという形跡はなく、胴元を務める反社会勢力の人間との接点も出てこなかった。

これらの状況から、捜査本部は大東氏が個人的なトラブルから殺害された可能性は低いと判断。あくまで「王将」自体が狙われたか、仕事上のトラブルが原因の企業テロと見て、問題点の洗い出しと絞り込みに全力を挙げることになったのだ。

一日でトンボ返りした中国人

ところで、捜査本部内で一時期、重点項目として挙げられていた「中国人ヒットマン」捜査はどうなったのか。

「我々は、実行犯は中国人ヒットマンや思うとるが、既に帰国して日本にはおらんやろ。どうにもならんで」

そうぼやいていたベテラン刑事たちだが、実は、彼らの見方や意見を裏付ける重要な証拠が存在することが分かった。

捜査本部が王将事件前後の関西国際空港や中部国際空港など周辺空港の出入国記録を徹底的に洗ったところ、事件前日に関西国際空港から入国し、事件当日のうちに同空港からトンボ返りした中国人の存在が浮かんできたのだ。

しかも、その不可解な行動を取った中国人は、何と若い女であった。

捜査本部がこの中国人女性の記録などを取り寄せて調べたところ、犯行現場付近の本社前カメラに映った小柄な人影とも体格的には一致するし、本社前カメラの不鮮明な画像を分析すると、人影は細身で髪が長いようにも見えることが分かった。

また、実行犯が女性ならプロらしからぬ小型の二十五口径自動式拳銃を使うのも頷《うなず》けるし、大東氏との体格差を考えれば、立っている大東氏を至近距離から銃撃すれば、頭ではなく、胸や腹を狙い、見事に命中させたという事実も理解できる。

さらに、人影が女性なら、大東氏が仮に接近したのに気づいてもあまり警戒しないだろうし、フルフェイスのヘルメット姿でバイクを疾走させれば、長い髪も隠れるし、性別を見破られる危険も少ないことになる。

関西国際空港から一日でトンボ返りした中国人女性は果たして、女殺し屋だったのか。

本章冒頭で紹介した「事件師」は、かつて交流のあった大阪府警の刑事から王将事件で問い合わせや捜査への協力要請を受けたことはないといい、京都府警をはじめほかの警察の捜査員が訪ねてきたことも全くないという。

「グリコ（・森永事件）の時にも実感したけど、関西の各府県警は本当に仲が悪いね。今回も横の繋がりがないから、（ワシのところへ話を聞きに）誰も来ない。これじゃせっかく捕まえられる犯人も皆、逃げてしまうわな」

前出の「事件師」はそう苦笑いすると同時に、こんな〝爆弾発言〟に及んだ。

「誰も聞いてくれる者がおらんで寂しいから、言うたるけどな。あの二十五口径（の自動式拳銃）は、東京・新宿の東北系マフィアから息のかかった半グレ（集団のメンバー）を通じて入ってきたもんや。ワシの知り合いがかかわっとるんや。これ以上はよほどいい話（条件）でもなきゃ、絶対に言わんで……」

実際、この「事件師」はそれ以上詳しい話を明かすことはなかったが、彼の周辺を取材していくと、大阪市在住の暴力団組員が王将事件で凶器として使われた二十五口径拳銃を調達した可能性が高いことが分かった。

この組員は国内外の拳銃密売組織や外国人犯罪組織との間に太いパイプを持ち、暴力団同士の抗争事件が華やかなりし時には、武器調達人として多くの暴力団から重宝がられていた男で、今もその拳銃絡みのビジネスを続けているという。

拳銃密売に詳しい暴力団幹部は、こう語る。

「暴力団のヒットマンは二十五口径のような小さな拳銃は、まず使わない。でも、中国人ヒットマンは人民解放軍出身者が多く、三十口径の小型トカレフとか、そのコピー製品を使い慣れているし、潜入・潜伏を主な任務とする北朝鮮系のヒットマンは隠し持つのに最適な二十二口径や二十五口径を使うから、奴のようなチャイニーズマフィアや朝鮮半島御用達の売人は、どうしても小型拳銃を扱わないわけにはいかないんや」

この暴力団組員は拳銃ビジネスが下火になると、今度はスタンガンや赤外線暗視ゴーグルといった犯罪に使われるグッズ類の売買に転じたほか、さまざまなビジネスに手を広げていった。その一つが、チャイニーズマフィアや中国人ヒットマン派遣組織の日本にいる代理人に対し、依頼主の要請や要望、注文などを伝達する仕事であり、主に関西エリアを担当する「橋渡し役」となっていたのだ。

意外なことに、難航が予想された中国人ヒットマン組織に対する捜査が少しずつではあるが進展し、捜査本部にはさまざまな情報が集まりつつあった。

だが、その中国人ヒットマン組織や謎の中国人女性について詳述する前に、次章からは捜査員が精力的に調べてきた「大東社長が殺害される動機」について検証してみよう。

第3章　原点回帰

カリスマとの出会い

最近では「老舗《しにせ》『餃子の王将』中興の祖」とか「中華料理界のカリスマ経営者の一人」と呼ばれ、マスコミにもしばしば登場するなど脚光を浴びていた「王将フードサービス」の大東隆行・前社長だが、それまでの道のりは決して平坦《へいたん》ではなかった。むしろ、彼をごく簡潔に評すれば、想像を絶するほどの苦労人であり、次々と襲いかかってくる艱難《かんなん》辛苦を乗り越える知恵と勇気を持ったアイデアマンであったと言えよう。

そんな大東氏の生きざまと「王将」の波瀾《はらん》万丈な歴史の中に、王将事件の謎を解く鍵《かぎ》が潜んでいるのではないかと考えた捜査本部は、真っ先に大東氏と「王将」の過去を辿《たど》り、本格的に調べ始めた。

大東氏は一九四一年三月、大阪市で七人兄弟の末っ子として生まれた。生まれた年の十二月八日、日本軍の真珠湾《しんじゅ》攻撃で太平洋戦争が勃発《ぼっぱつ》したため、彼が物心ついた頃の思い出は、けたたましく鳴り響く空襲警報サイレンの音と、狭くて暗い防空壕《ぼうくうごう》に避難し、強烈な爆撃音と振動に脅《おび》えながら、家族が皆で身体を寄せ合って震えていた、という記憶だけであったという。

そうした辛《つら》く悲しい戦火の日々が、大東氏の幼少時代のすべてであった。

豪農の息子だった父親は農業を嫌って実家を飛び出し、大阪市内で眼鏡店を営み、郊外に眼鏡フレームを製造する工場を開業した。ところが、せっかく終戦後まで生き抜いたのに、大東氏が五歳の時に病気のため急死してしまった。

大学を卒業して一家の暮らしを支えるはずであった長兄は、学徒出陣で軍に召集され、終戦まであとわずかという四五年四月、硫黄島《いおう》で玉砕して戦死した。

そのため、母親は女手一つで六人の子供を育てながら、幾つもの仕事をこなすなど獅子《しし》奮迅の働きだった。そんな母親に代わって、自宅で大東氏ら弟妹の面倒を見たのが、十六歳年上の長女であったが、その母親代わりの姉も、大東氏が小学生になった頃に結婚して家から離れたため、彼は学校に通いながら、近所や知人宅の手伝いなどをしてわずかばかりの生活費を稼いだり、家事の手伝いをするなど相当に苦労したようである。

「親はいないのも同然やし生活も貧しかったから、学校でもよくいじめられ、全身が傷だらけやった。一番上の姉梅子《うめこ》は本当に母親みたいな存在で、そんな僕を励ましてくれ、よく面倒を見てもらった。だからずっと頭が上がらなかったし、社長になって姉が八十歳をはるかに超した時でも、小さい頃のように小言を食らって、煩《うるさ》くて堪《たま》らんかったで」

大東氏は、後に雑誌のインタビューでそう明かしている。

因《ちな》みに、長女の嫁ぎ先が、後に「王将」を創業する加藤朝雄氏であった。この時、彼は大阪市内で薪炭や氷を扱う燃料店や小さなホテル、金融業などを営む実業家であった。

小・中学校時代を通じて、算数・数学が得意だった大東氏は見事、志望する高校に合格したが、経済的な負担をかけたくないとの思いから、母親に言い出せなかった。そこで義兄の朝雄氏に相談したところ、こんな答えが返ってきたという。

「高校なんか行かんでええわ。ウチで働いて家計を助けながら、将来の仕事に役立つように経理学校に通ったらええ。それくらいのカネは出したるわ」

そう力強く諭された彼は、高校進学を断念。関西経理専門学校に通う傍ら、朝雄氏の燃料店で働き始めた。

後に、大東氏が「王将」幹部として活躍するようになってからも、「人生で最も影響を受けた人物」と言って敬慕の念を隠さなかったのが朝雄氏であった。

加藤朝雄氏は一九二四年、福岡県飯塚《いいづか》市で鮮魚店を営む父母のもとで生まれた。自分の手で会社を経営したいという夢を抱いた彼は戦前、大阪市に出てきて、大日本麦酒《ビール》（現・アサヒビール）のビアホールで働き始めた。

戦争末期に召集されて憲兵として中国へ渡り、終戦後二年経った四七年、中国・東北部の大連市から復員した。再びビアホールに勤めたが、出征前と同様に明るく元気に振るまっているように見えるものの、口数は少なく、特に戦時中の旧満州については一言もしゃべらなかった。そして、黙々と貯めた資金で燃料店を開業し、金融業などに仕事の範囲を広げていった。

そんな十七歳年上の加藤氏に目を掛けられ、大東氏も義兄を尊敬し、彼の指示に従って働いた。

大東氏の生活は一変した。

毎朝四時過ぎには起床し、薪炭を積んだり氷を切り分けるなどの準備を行った後、午前七時頃には薪炭や氷の行商のため街に出掛ける。日没とともに商売を終えて帰宅。夕食を済ますと、午後八時過ぎから翌日の行商のために準備を行い、どんなに遅くとも夜十一時には倒れ込むように寝てしまう。

底冷えのする倉庫や路上で、全身真っ黒になりながら使いやすいサイズに切り分けた炭を、五十キロずつ袋に詰めてトラックに積み込む作業はかなりの重労働である。

また、炎天下に氷の塊を数キロから十キロごとに切断し、両手に一つずつ持って運んでいくのも決して楽ではない作業だが、持ち前の負けず嫌いから同業者と競い合って、一日も休まずに続けたことで、後に「王将」で不眠不休の過重労働を乗り越えるパワーや精神力を養うことができたのだと自負している。

この当時の大東氏はよく働き、よく遊んだ。と言うより、思い切り遊ぶために、精一杯働いたと言った方が正しいかも知れない。

「稼いだカネのうち実家に生活費として入れた残りが結構あって、薪炭や氷の商いというのは冬と夏以外は暇で仕方ないもんやから、全部遊びに使ってしまったんや。男女の友達らとドライブに行ったり、麻雀《マージャン》などの賭《か》け事に狂ってスッテンテンになるまで遊んだわ。特に麻雀は夢中になって一週間ぶっ通しで徹夜で打ったり、終《しま》いにはカネがなくなってしまって、知り合いにカネを借りてまで麻雀し、儲《もう》けたり、次の給料もらって返したりした時期もあったな。でも、どんなに遊んでも、仕事だけは一日も休んだことがない。だからあの時の遊びは、後の仕事にすべて役立っていると思うんや」

大東氏は後に、可愛がっていた「王将」の部下に、そう打ち明けている。

関西経理専門学校には一年近く通ったものの中退してしまい、結局、八年間は働くだけ働いてカネを稼ぎ、そのカネを使って大いに遊んだという。

そして、大東氏が二十六歳になった時、尊敬する義兄から声がかかった。

「ワシが以前からやりたかった中華料理屋を始める。手伝ってくれ」

というのが義兄の依頼、というより半ば命令だった。

出発点はリベンジだった

六九年八月、大東氏は義兄の加藤朝雄氏の依頼で、京都市中京《なかぎょう》区四条大宮に義兄が開店した中華料理「王将」第一号店で働き始めた。そこは六七年十二月にオープンした床面積四十平方メートルほどの店舗だが、大東氏が店に加わった時には客足がまばらで、とても人手が足りないような状態には見えなかったという。

つまり、朝雄氏としては身内の大東氏の協力を得て、何とか店の人気を盛り返したいという思いが強く働いたのだと思われる。大阪市内で自分が経営する燃料店で、既に中心的な販売担当者として活躍していた大東氏をわざわざ引き抜いてきたぐらいだから、朝雄氏の信念、意気込みの強さが分かるというものであろう。

実は、この抜擢《ばってき》人事にはワケがある。

四条大宮店を開店する三年ほど前。朝雄氏は京都市内の別の場所、ちょうど立命館中・高校前で中華料理店を開業していた。商売を止めて転出した店舗を居抜きで借り、前の店の屋号をそのまま借りてオープンしたのだ。その前の店の屋号が「王将」であったから、本当の「王将」第一号店は、その店を指すと言ってもいいだろう。

この時も大東氏は「店を手伝って欲しい」という義兄からの要請を受け、毎日夕方まで大阪市内の燃料店で働き、仕事が終わった後に電車で京都に向かい、店では野菜を切ったり、皿洗いや厨房《ちゅうぼう》の掃除などを手伝った。

朝雄氏はかつて横浜《よこはま》市の中華街にある中華料理店で働いたことがあるといい、そもそも中華料理店を経営したかったというぐらいだから、店の経営や調理法などに相当な意欲を燃やしていた。また、大東氏も途中から協力して、店のインテリアやランチや定食セットメニューなどを工夫したり、価格も安く抑えてきたため、客はそれなりに入っていたのだが、結果的には赤字続きで一年余りで閉店に追い込まれていた。

それゆえ、四条大宮店は朝雄氏にとってリベンジであり、再チャレンジの開業だったのだが、当時の京都は「珉珉《みんみん》」という中華料理店が全盛を極め、特に目玉商品の餃《ぎょ》子《うざ》は人気を博しており、苦戦を強いられたのだ。

四条大宮店は当初、中華料理だけではなく、京都という土地柄を考えてのことなのか、寿司《すし》やおでんといった和食メニューをかなり揃えていた。言わば〝大衆食堂〟的雰囲気が漂っていた店であった。

そこで大東氏は「ウチも柱になる商品を作らなければあかん」と考え、調理業務を主に朝雄氏に任せ、自分は洗い場を担当しながら、空いている時間は積極的に店周辺の市場調査に出かけたり、同業他店に入って味付けやメニュー、価格設定、店内の雰囲気とインテリアなどを研究し、顧客の流れを調べた。勉強の日々と言ってよいほど自分の目で見て、耳で聞き、体験し続けた。朝雄氏とともに一日十六時間以上働き、家に帰らず店の床に簀《す》の子を敷いて寝泊まりしながら、「王将」のセールスポイント作りに取り組んだ。

二人は敢《あ》えて、人気店「珉珉」の向こうを張って、目玉商品をもともと得意にしていた餃子に決定。肉体労働者や食べ盛りの大学生らに的を絞り、濃い味付けとボリュームある餃子、特に餡《あん》の豊富さと皮の厚みで勝負を掛けた。

さらに「珉珉」が一人前八個を売りにするなら、「王将」は六個だが大きさを二倍以上にするなどボリューム感を前面に打ち出した。そんな挑戦的な姿勢がよりスケールアップして、現在の「王将餃子」に繋がっているのだ。

そうした大東氏の特性を見抜いた朝雄氏は、彼に「料理は覚えんでもええから、売上表を見て経理を覚え、経営のことを考えてくれ」との指示を与えた。カリスマ創業者である義兄は、大東氏を料理人ではなく、店全体を見渡せる店長に、いや、世の中や業界全体を考えられる経営陣の一人として育てようとしていたのである。

実際、二年目から店長を任された大東氏はまず、「王将」の名前を世の人々に知らせることが重要と考えた。そこで思いついたのは「餃子無料券」の配布である。

「無料券はお客様に店に来てもらうために先代（朝雄氏）と相談してやったことや。まず『王将』の餃子を食べて味を覚えてもらう必要がある。そのためにはタダで食べてもらうのが一番効果的やと思ったんや。売れ残った餃子を捨てるぐらいなら有効利用しようと思ったし、一度食べてもらえれば、絶対にまた食べに来てくれるという自信があったからこそできたことや」

「だから、無料券配布は駅前とか繁華街だけでなく、役場や小学校の校門前でも行った。駅周辺では駅員から『ゴミになるから止めてくれ』と叱られ、教育委員会からは呼び出され、『神聖なる教育現場で商売するな』と厳重注意を受けるなど、あちこちでクレームを付けられ通しやったが、『王将』の名前がジワジワと浸透していったことは確かや」

これらは常々、大東氏が「王将」役員に語っていた言葉である。

ほかにも、同業者から「店自慢の売り物がタダとは、なんてことするんや。商売を分かっとらんと違うか」と散々に嘲笑《ちょうしょう》されたことを、雑誌のインタビューで明かしている。

周囲の非難などどこ吹く風で、己が信じた道をまっしぐらに進む大東氏は、餃子の無料券配布を止めるどころか、自ら各地に出向いて毎日のように行い、「ゴミになる」と叱られれば、駅構内や街頭の清掃奉仕を行った後でまた無料券を配布した。

そして、次に打ち出した作戦が「餃子十人前を平らげたらタダ」といった業界初のサービスだった。これは店の常連客としてターゲットにしていた肉体労働者や体育会系学生を意識した企画だったが、思った以上に好評だったため、一般学生やサラリーマン、家族連れのお父さん向けにサービス内容を変化させ、拡大していった。

一般人向けなら「五人前食べられたらタダ」であり、女性向けは「三人前食べられたら無料」というように、さまざまな企画を用意したのだ。

今でこそ「ドリンク一杯無料サービス」とか「千円以上注文された方には餃子は無料」などという飲食店があちこちに出現し、時間限定としながらも「飲み放題」「食べ放題」などという破格のサービスも珍しくなくなってきている。

だが、当時は自分の店の大事な主要商品をタダにするという発想はなく、大東氏は義兄と二人三脚で、従来の常識や固定観念にとらわれないアイデア商法を次々と打ち出したことで客に喜ばれ、マスコミに注目されたが、業界では白い目で見られた。

また、当時の外食産業界ではほとんど行われていなかった商品のテイクアウトサービスに踏み切ったのも加藤、大東の〝師弟コンビ〟だった。

「何と言っても、『王将』の味が家庭に入ったのが良かった。目玉商品である餃子のテイクアウトは創業当初からのヒットやった。『王将』の餃子を持ち帰って、家族団《だん》欒《らん》の場で食べる。家族皆で食べればおいしいに決まっとるやろ。家庭という調味料を加味してあるようなもんや。それに子供の頃に覚えた味は一生忘れられない。餃子と言えば『王将』を思い出し、大人になってからも必ず店に来てくれるんや」

大東氏は本社での会議や店舗訪問の席で必ず、この話を披露したと言われる。

こうしたアイデア商法は同業者の評判は悪かったが、注目した客が店を訪れるようになり、「王将」の名前は次第に知れ渡るようになってきた。

敵地で打つ常識外れの大博打

義兄弟・師弟コンビによる二人三脚の奮闘で「王将」は順調に収益を上げて、瞬く間に六店舗を開店するまで発展した。だが、「王将」の経営が本格的に軌道に乗ったと感じられたのは七一年、京都・河原町三条《かわらまちさんじょう》に六号店の出店が決まってからであった。

少しばかり人気が出たところで、既存の人気店「珉珉」にはなかなか追いつけるものではない。そこで一か八かの策として、河原町通りや三条、四条通りなど京都を代表する繁華街にある「珉珉」各店のすぐ近くに敢えて出店し、相手の目玉商品でもある餃子の無料券を大量にばらまくといった、世の人々をアッと言わせる大博打《ばくち》に打って出たのだ。

これはわざわざ敵地に乗り込んで、「あからさまに『王将』の餃子の方が『珉珉』よりうまい」と言っているようなもので、業界ではタブーとされるやり方だった。当然、激怒した「珉珉」側の猛反撃も始まり、同業者の間では「アホ違うか。『王将』

は破れかぶれになって、ついに自爆したんやないか」と陰口まで叩《たた》かれた。

しかし、「無料」というインパクトは強く、市民の間で瞬く間に注目が集まり、それがさらに口コミで広がって、どの店も無料券を手にした客が殺到し、長蛇の列ができた。

同時並行して実施した「餃子を十人前食べたら無料」というキャンペーン企画も大当たりし、学生や肉体労働者ら大食い自慢が続々と現れて挑戦した。中には完食した後、店の外に出て嘔吐《おうと》するというトンでもない輩《やから》まで現れたが、それが逆に話題となり、マスコミにも取り上げられ、人々は話題の店見たさに「王将」に詰めかけた。

「腹はすいたけどカネがない」という食べ盛りの学生向け企画として、「三十分間、店で皿洗いしたら餃子はタダ」というサービスなども行い、「王将」各店とも人気はウナギ上りとなった。

七四年七月、「王将」は直営十五店と個人経営から引き継いだFC（フランチャイズ）三店の計十八店舗を擁する株式会社に組織変更して、新たなスタートを切った。

朝雄氏は、これまでの学生街や繁華街への出店だけではどうしても売り上げに波が出てくるため、一年間通じてコンスタントに相当額の売り上げが見込める主要国道やバイパス道路など幹線道路沿いへの出店に力を入れ始めた。これは、来るべきクルマ社会を見込んだ大東氏の出店戦略を採用したものだった。

クルマ社会を念頭に置いた大東氏が「王将」の大番頭として手腕を存分に発揮したのは七七年八月、京都市伏見《ふしみ》区にオープンした城南宮《じょうなんぐう》店と、七八年三月に同じ伏見区に開業した国道大手筋店でのことだった。

大東氏はこれまで積み重ねてきた知識と経験から、新規開業した店舗を成功させるためには、店長のキャラクターと店のセールスポイントを明確に打ち出すことが大切であるとの信念を抱くに至っていた。

この地区で競合する同業他店は、外回りの営業マンを中心としたサラリーマンを客層の主力と考え、平日のランチタイムが最大の稼ぎ時で、味付けは比較的薄味だった。価格もコーヒーとセットで千円以内とか、五百円で食べられる「栄養バランスのいい定食」などと安めの設定となっていた。

これに対し、「王将」は意図的に肉体労働者や家族連れを取り込もうと考え、濃い目の味付けでボリュームを増やしたうえ、ほかの料理より餃子を早く出すことを心掛けた。店員が「いらっしゃいませ」と大声で挨拶することで元気な雰囲気を演出し、食器やテーブルクロス、そして店内全体を明るい色にして、家族連れが楽しめるように工夫したのだ。

「何よりも大事な点は、いち早く客層を見分けて客の心を摑み、店の特徴を印象づけることだ。この店はどこよりもうまい、一番安い、店内がきれいでシャレている。接客が丁寧だし、感じがいい。どの定食メニューがお得でお勧め……といったメリット感を植えつけられたら勝ちだと思う。何と言っても食事は雰囲気で味わうものだからねぇ」

とは当時、大東氏が盛んに口にした新店舗開発の理念であった。

こうした戦略と、料理するところを客に見えるようにするオープンキッチン方式が功を奏し、激戦エリアでの後発店だけにどうしても平日のランチタイムでは苦戦を強いられていた両店も、土日祝日の家族連れで巻き返し、同業他店と拮抗《きっこう》するまでに売り上げを伸ばすことに成功した。

この大東氏のやり方を苦々しく思う同業者は多く、社内でも厳しいノルマと熱い指導を恨みに思う者もいたが、殺害するほどの動機でないというのが捜査本部の見方だった。

さて、この年に本社の営業本部長に就いた大東氏は、念願の東京進出を敢行した。皮切りは新宿区の新宿直営一号店だったが、都内をはじめ首都圏は人口が多く、繁華街の然《しか》るべき場所に開店し、普通に営業すれば、客には困らないという安易な姿勢が店長ら中堅幹部社員の中に見られたため、大東氏は敢《あ》えて、誰もやろうとはしない餃子の無料券配りや店舗の清掃などを率先して行い、スタッフのやる気を鼓舞した。

約一年間で東京進出にメドを付けると、翌七九年は名古屋に進出し、さらに翌八〇年には福岡進出を果たした。

どこの地のどの店に行っても、大東氏は店内のフロアやテーブルを寄せ集めて、その上に布団を敷いて寝泊まりし、朝は料理の仕込み、昼は外に出て無料券配り、夜は店の手伝い……と獅子《しし》奮迅の働きを見せた。閉店時間が来ると疲労困憊《こんぱい》の従業員を先に帰し、深夜に厨房《ちゅうぼう》からトイレまで一人で清掃。数時間仮眠した後、早朝から食材の仕込みや野菜切りなどを行い、ちょうど一仕事した頃に出勤してきた従業員は「大東さんのためなら、何でもできる。頑張ろう」と誓い合い、泣きながら付いてくるようになったという。

ところで、「無料」は全国どこの市民にも喜ばれ、各地の店で長蛇の列ができた。切り込み隊長の大東氏は、新規開店があればどこでも必ず出掛け、店の経営が軌道に乗るまで長期滞在し、調理方法から挨拶の仕方、無料券配布法などを事細かく指導した。

詳しくは後述するが、彼の経営手法は常にアメとムチである。店に直接乗り込み、叱咤《しった》激励して売り上げを伸ばすだけではなく、店長や店のスタッフと十分に話し合って、彼らにいろいろと店の発展策を考えさせ、提案させた。そして、売り上げが上がれば報奨金を出すし、どうしても上がらなければ、彼の独断でドリンクの仕入れ代をタダにして本社持ちにするなど、十分な後方支援を行い、店の経営をもり立てようとした。その代わり、「やる気のない社員や努力が足りない店長などは遠慮なく追放・降格処分にし、給与カット、休日返上などはザラであった」（元「王将」社員）らしい。

良くも悪くも、そうした現場第一主義とも言える考え方は、後に社長に就任してからも全く変わらなかった。一日二店舗は足を運び、店長ら現場スタッフとのコミュニケーションを常に大事にしてきたのだ。

こうした地道で厳しい努力が実り、「王将」の店舗数は八一年には二百店を突破し、売上高も合わせて百億円に達した。そして、九三年に株式店頭公開し、わずか二年後には大証二部に上場を果たしている。

会社の発展に添うように、現場からの叩き上げとして従業員たちの間で人望が高まった大東氏は、八四年に取締役となって経営陣の仲間入りを果たすと、同年に常務に、九三年には専務に昇進、九五年には副社長に就任するなど順当に出世の階段を上がっていった。

大東氏が一般社員やパート従業員に止《とど》まらず、役員や幹部社員の支持も得られたのは、「王将」のカリスマ創業者である加藤朝雄氏に対して、ズケズケと意見を言ってきたからだ。義弟という立場もあったが、第一号店から苦楽を共にしてきた同志として、朝雄氏が絶大なる信頼を寄せており、大東氏も私利私欲を捨て、懸命に朝雄氏を支えて、粉骨砕身して努めてきたからである。

中でも、従業員の誰もが口出ししたくてもできなかった意見として、ラーメンのスープ調理法がある。当時、「王将」では工場で作って冷凍保存したスープを各店に配り、一人前ずつ自然解凍した後、鍋《なべ》で温める方法を採っていたが、このやり方だとランチタイムなど客が集中した時にはとても対応できない難点がある。何しろ、中規模クラスの店舗でも一日に四百杯から五百杯のラーメンが注文されるといい、一人前ずつ解凍していたのでは時間が掛かり過ぎ、待たされた客は怒って帰るし、店員はパニック状態に陥って悲鳴を上げるしかないのが現状だった。それでも朝雄氏は「スープは一人前ずつ作るのが『王将』風や」と自説を曲げようとはしなかった。

大東氏は「昼食時は注文が殺到しているのだから、作って放置することはない。せめて二十人分ずつ鍋で温めさせて欲しい」と直談判《じかだんぱん》したが、朝雄氏は頑として受け付けない。「それなら十人分ずつ作らせて欲しい」などと繰り返し言い続けていくうちに、最後には何とか許可を出したといい、現場の従業員から拍手喝采《かっさい》が起きたという。

両者の間で最も長時間話し合われたテーマは、個人商店時代のやり方からチェーン店の経営戦略への転換であり、手作りの良さを残すか、あるいは効率重視の商法かをめぐってしばしば激しい論争が繰り広げられたという。

「二人とも声は大きいし、押し出しが強いから論争が始まると、怒鳴り合いの喧嘩《けんか》をしているように聞こえ、周囲はハラハラしたものです。でも、戸籍上は義兄弟でも歳が一回り以上離れてるので、何か親子のような感じがして、本人たちも『王将』愛一筋の人たちですから、何とも思っていなかったのでしょう。特に大東さんは『ワシはどつかれるのが仕事。先代はワシを怒鳴ることで、皆に何かを伝えていたんや』と言ってたくらいやから、感情がこじれて後々まで尾を引くことはなかったと思います」（元「王将」社員）

それに大東氏は、ラーメンのスープを拵《こしら》える方法一つでも徹底してこだわる先代の事業家としての執念を尊敬し、常々、周囲の人間には「あの頑固なところは見習わなきゃあかん」と言い続けてきたという。

その証《あかし》の最たるものが、深夜や早朝に会社や店舗で行う掃除であった。朝雄氏は浄化槽やトイレが汚れていると感じたら、従業員が帰った後、自分一人で深夜の二時、三時からでも清掃していたといい、大東氏の早朝出勤・清掃は朝雄氏の教えを受け継いだものとも言える。その〝伝統行事〟を行おうと出勤してきたところを殺害されたことに、何か意味はなかったのか。捜査本部もその点を注視し、大東氏個人というより、朝雄氏の体質や経営方針を受け継いだことが恨みの対象になったのではないかとみて、徹底的に調べた。

大東氏が公私ともに惚《ほ》れ込み、崇拝とも思える姿勢で従ってきた義兄で「王将」創業者の加藤朝雄氏は、九三年に病没した。その後、外部（大株主）から副社長として招聘《しょうへい》していた人物を二代目社長に据え、さらに朝雄氏の長男で三代目社長に就任した潔氏を、大東氏は「大番頭」として必死になって支えた。だが、カリスマ創業者が他界した影響は予想以上に大きく、「王将」はやがて大きな転機を、それも危機的状況を迎えることになる。

個性と誇りを失って経営危機に

「レジェンド（伝説）」とも言うべき創業者が急死した翌九四年、朝雄氏の長男・潔氏が三代目社長の座に就くと、大東氏の立場は微妙なものに変わっていった。

「三代目の周りを自分がウロウロしとったら目障りやし、やりにくいやろ。船頭は多ければ多いほどうまくいかんものやし、指揮命令系統は一本化するのが一番ええ。いろいろと思うところはあったけど、何も口出しせんかったんや」

大東氏は後に、三代目社長誕生時を振り返って、そう語っている。

さすがの朝雄氏も晩年は、高齢と健康上の理由から往年の力を失いつつあった。それに伴って少しずつではあったが、執行部を支える幹部社員の顔ぶれが変わり、潔氏の発言権が増すなど、社内に世代交代を求める波が押し寄せて来た様子が窺《うかが》われた。

そうした雰囲気を敏感に察知した「生え抜きのベテラン幹部社員」たちが反発する動きを見せたが、肝心の大東氏は動かず、「社内改革」と称して現体制解体を目指すなど不穏な動きを見せる中堅・若手社員に対し「大番頭」として睨《にら》みを利かすことさえしなかった。

創業当時からの中心的メンバーで現場のベテラン従業員たちの間で絶大なる人気と信頼を得ている大東氏が、何か発言したり行動に起こしたりすれば、その後の展開は全く違ったものになったことは十分に予想された。しかし、彼は何もしなかったのだ。

彼の中には、崇拝してきた創業者と母親のように世話を焼いてくれた姉の間に生まれ、幼い頃からよく知っている潔氏に対して、遠慮する気持ちがあったことは否めまい。朝雄氏と二人でここまで大きくした「王将」を内紛騒動などで駄目にしたくない、という思いが強かったのも事実だろう。

「会社の経営方針はもちろん、出店計画や店舗設計、調理方法、メニューの選択……などあらゆる面で三代目と自分の考え方が違うことははっきりしとったし、その差は簡単には埋められるものではないことも分かっとった。だからこそ、余計な波風を立てんようにとおとなしくしとったんやけど、あそこまであっさりと『王将』の良さや、経営者や従業員のプライドを捨ててしまうことになろうとは思わんかった。まさに唖《あ》然《ぜん》としてもうて、何もできんかったんや」

とは、後に四代目社長に就任した大東氏が側近に漏らした言葉だが、思わず彼がそう嘆くぐらい、三代目社長時代の「王将」は大きな変貌《へんぼう》を遂げてしまったのだ。

いったい、何があったのか。

その時起こったさまざまな問題の詳細と、それらが生じた背景や深層部分については、第4章で企業という組織内の視点から検証し、第5章で創業家一族の視点からきっちりと論考していくとして、ここではコトの本筋部分について簡単に述べておきたい。

「王将」には、創業者・加藤朝雄氏が遺《のこ》した《中華料理店経営という本業以外、特に不動産投資や株などの金融商品取引には絶対に手を出してはいけない》という社訓があった。三代目社長となった潔氏は、その先代の教えに背き、次々と不動産投資に注ぎ込んだり、福岡県のゴルフ場運営会社に約九十億円もの過剰融資を行うなど、無理やり〝経営の多角化〟を進めて次々と失敗。その結果、有利子負債がどんどん膨らみ続け、負債総額は当時の「王将」直営店とFC店を合わせた全売上高約三百八十四億円を大幅に上回る約四百七十億円に達してしまった。

日本国内では当時、バブル経済が弾《はじ》けて、やれ「土地だ」「株だ」などとマネーゲームに狂騒していた企業は、どこも巨額の不良債権を抱えて瀕死《ひんし》の状態に陥っていた。それらの企業に融資していた金融機関も軒並み、多額の焦げつきを出し、公的資金導入を受けて何とか生き延びている有り様で、再生を図る企業を支援する余裕も、意欲もなかった。

つまり、バブル経済崩壊で経営危機に陥っていたのは「王将」だけではなく、その意味でも「王将」に支援の手を差し伸べるところなどどこにもなかったのだ。

何しろ、餃子を一つ一つ売って利益を上げるしかなかった「王将」としては、この負債金額は再生不能、まさしく命取りになるほど多額であったからだ。

ただ、大東氏が指摘した「三代目は『王将』の良さ、経営者や従業員のプライドを捨ててしまった」という行為は、これら過剰融資はもとより、潔氏が行った経営の多角化とは全く別のことを指していた。

「三代目（潔氏）は年齢が若いこともあって、とにかく物事を合理的に考えようとした。たとえば、客席数を増やすことが売り上げ増大に直結するとの考え方を持っていて、新規開店や既存店の改築などに際しては、厨房を少々狭くしても客席数を増やそうとした。これに対して、四代目（大東氏）は常々、『飲食店の経営はそんな（価格に客席数を掛ければ、売り上げが出るというような）単純な掛け算で考えたら駄目になる。大事なのは有効客席数なんだ』と言っていたから、二人の意見が合致するわけがない。そうなれば、会社に忠誠を誓っているナンバー2は身を引くしかないだろう」

「王将」を支えた外部株主の一人はそう語る。

有効客席数とは何か。たとえば厨房を狭くして客席を増やしたら、ランチタイムなどで大勢の客が一度に押し寄せた場合、調理する側が対応できず、結果的に客を待たせたり、注文を間違えたりでクレームの山となる。店員はさまざまな対応に追われ、結局、客の回転率も悪くなり、売り上げは思ったよりも上がらないので、店の床面積や店員数に応じた適正な客席数（有効客席数）があるという考え方である。

前出の外部株主は、こう続ける。

「これは三代目の若気の至りという話だけではない。九〇年代半ばになると、ファミリーレストランの勢力が拡大し、他の外食産業は何らかの対抗策を取らざるを得なくなってきていた。ファミレスは工場で調理・加工した食材を冷凍保存して各店に運び込み、客の注文に応じて解凍して出すため、全国どこの店舗でも同じ味、同じ値段、しかも安価な料理を素早く提供するという合理的経営を売り物にして急成長を遂げた。それまで豪華な御馳走《ごちそう》の代名詞であったビーフステーキがミニサラダ・スープ、コーヒー付きで二千円以内で食べられるのだから、人気が出るのは当然だし、和・洋・中華とメニューが豊富で、家族揃って楽しめるとあって、中華一本の『王将』が相当な危機感を抱いたのもまた、当然だったんだ」

この時、他の外食産業が取るべき道は大きく分けて、二通りあった。

一つはファミレス以上に合理的な経営を進めて、調理時間の短縮や価格競争に打ち勝つことだ。そして、もう一つは逆に少々時間やコストがかかっても、手作りの料理を「出来立てホヤホヤ」で提供する方法である。

三代目社長が率いる「王将」はその前者、即ち、より一層の合理的経営を推進する道を選択した。全店舗での均一商品・均一サービス提供との経営方針に転換し、工場で調理・加工した食材を各店に送る「工場一括生産方式」の全面的採用に踏み切ったのだ。

そのため、「王将」では九六年、本社に近い京都府久御山《くみやま》町の約一万平方メートルの面積を誇る土地に、最新設備を導入した巨大工場を建設したのをはじめ、多額の投資をして京都市山科区や千葉県船橋市、福岡市東区などに大規模工場を建設。工場内であらゆる食材をスピーディーに加工して店舗に送るシステムを構築した。同時に、各工場から各店舗に食材を直送するサービスネットワークも整備した。

この久御山工場は始動した時点で、一日に消費する食材は何と、豚肉が十二トン、鶏肉《とりにく》五トン、米十二トン、キャベツ一万六千個、卵二十二万個、タマネギ一万一千個……などと物凄《ものすご》い量に上った。そして、同工場で一次加工された食材・餃子百三十万個分の餡《あん》と麺類《めんるい》などは毎朝、関西を中心に西日本各地の店に向かって配送され、新鮮でおいしいうえ、仕入れが大量一括ゆえに安く捌《は》けるため、一時は常連客に好評だった。

もともと「王将」は食材を大量一括購入し、餃子の餡や皮、そして麺類などをまとめて製造するセントラルキッチン方式を採っていた。そして、そこで作った加工品を毎日、店に配送するシステムを確立し、いつでも大量の食材を提供できるようになっていた。

「王将」では餃子をはじめ、ラーメン、焼飯、唐揚、酢豚、八宝菜など十品目に上る定番メニューが売り上げ全体の八割以上を占めている。だが、定番以外のメニューは店ごとに異なり、店長以下店のスタッフの腕の見せ所であった。中華全般は言うに及ばず、中には洋食や和食メニューを出している店もあるが、いずれも手作りにこだわっていて、味や具の中身も店ごとに全く違うし、定食やセットメニューの組み合わせを自由に変えていくため、全体では物凄くバリエーションが豊かなメニューになるという。

このように各店長の裁量権を大幅に認め、独自のメニューやサービスを提供させるところが「王将」最大の特徴であり、強みでもあった。

その根底には、朝雄氏や大東氏らがかねてより主張してきた「材料の大量一括購入と、セントラルキッチン方式による無駄の排除、そして、経営者と従業員が一体となって努力し工夫したオリジナルメニューで、お客様には〝うまい、安い、おいしい料理〟を提供し、儲《もう》けは会社と従業員が分かち合う」という精神があった。

合理性と手作り作業によるオリジナリティー重視は一見すると、全く矛盾する考え方のように思われるが、その創業当初から続けてきた〝二頭立て経営方針〟が役員、従業員を問わず一同のやる気と創意工夫を煽《あお》り、成長を遂げる原動力となってきたのだ。

ところが、製造の効率ばかりを追求し、全店均一化された商品とサービスの提供を打ち出した三代目の経営方針は、店舗ごとに個性を発揮してきた「王将」の魅力を完全に失わせてしまった。

つまり、この新システムに依存し、工場での生産・加工品を使い過ぎたため、手作りにこだわってきた「王将」料理がどこの店でも同じ味になってしまった。そして、店の設計でも得意のオープンキッチンから、中が見えない形のキッチンに変わってきた。

そのうえ、客席数を増やすことが売り上げ増に繋がると信じて、全国各地に次々と店舗を出店する多店舗展開戦略は、新規の建設・開店費用が嵩《かさ》むばかりで、売り上げは思ったほど上がらず、逆に経営を圧迫していったのである。

三代目社長の失敗は不動産などへの過剰投資を含む経営の多角化路線にあったことは明白であるが、それ以上に、経営合理化を図る余りに店舗やメニューの個性を奪い、従業員の誇りを失わせたことに最大の原因があったと言わざるを得ない。

そして、二〇〇〇年、「王将」は創業以来の危機に見舞われる。カリスマ創業者の長男で三代目社長の座に就いていた潔氏と、その下で経理担当役員を務めていた弟の二人は、経営危機を招いた責任を取り、揃って辞任した。

〝善意の融資〟で再出発へ

二〇〇〇年四月、「王将」の四代目社長に就任した大東氏の最初の仕事は金策だった。約四百七十億円という当時の全売上高を優に上回る有利子負債を抱え、ただでさえ途方に暮れるしかなかったが、それ以前に約五十億円分の社債の償還期限が間近に迫っており、直ちに大口の出資者を見つけなければ倒産するしかない状況だった。

だが、会社の厳しい財務状態を考えたら、金融機関からの新たな借り入れはとても期待できないし、そうかと言って急に餃子が二倍も三倍も売れるはずもなく、はっきり言って有効な打開策などあるわけがなかったのだ。

しかも、仮に当面の金策が叶《かな》ったとしても、思い切った事業整理などによる負債圧縮、大規模なリストラや工場、店舗の売却を含む経営合理化を推進していかなければならず、どれ一つ取っても簡単に行くものなどなかった。

そんな最悪な状況下で社長の重責を担った大東氏について、社内の人間はもとより、友人・知人、業界関係者の誰もが「貧乏クジを引かされた不運な忠臣」という目で見ていたし、中にはあからさまに「引退寸前のベテランリリーフ投手だからと言って、敗戦処理を背負わされていいのか」と言って、「引き受けない方がいい」と忠告する者もいた。

実際、大東氏は潔氏が社長になった時には既に専務だったし、その後は副社長の肩書も付いていたのだから、四代目社長として白羽の矢が立っても決して不思議ではない人物の一人であった。ただ、いずれのポストの時も、店舗開発担当役員として社外を飛び回り、新規開業の店舗があれば、以前と同様にその店に何日も泊まり込みながら、店長らを〝徹底指導〟。本人は「二頭政治は失敗するので、なるべく本社に行かないようにしていた。やはり現場の方が楽しくていいわ」などとのんびりしたようなことを言っていたが、事実上、経営の第一線から外された形になっていた。

それゆえ、周囲の批判や忠告は決して的外れではなかったし、本人もそのことについては重々承知していて、いくら社内の古参幹部や外部株主らに社長就任を要請されても、躊躇《ちゅうちょ》し続け、なかなか承諾しなかったようである。

「自分の考えが及ばんようなことが社内外でよく起きておった。あの時の『王将』は病に冒されとって、ブランドもプライドもへったくれもなかったんや」

そのような批判めいた文言は、三代目社長在任当時には親友や側近にも漏らさなかったのに、自分が殺害される事件の数年前から口にし始めていたといい、社長を引き受けることに消極的だったことと併せ、捜査本部が重大な関心を寄せていたことは事実である。

それほど経営方針や戦略をめぐる社内の論争が激しかったことを示しているが、それが果たして生命を狙われる原因になったのかについては甚だ首を傾げざるを得ない。

三代目社長就任から自分が社長の座に就くまでの約六年間は、前述したように、社外で店舗開発の仕事をしながら、珍しくプライベートな時間を楽しんでいた。

仕事一筋でやってきた大東氏に初めて、趣味らしい趣味ができたのだ。それが第2章で触れたレース鳩の育成とレースへの参加である。

「最初はゴルフでもやろうか思うてクラブセットを買ったんやけど、性に合わんかったようで、値札を付けたままロッカーの中に放り出してある。やっぱりワシは人と接し、人間を育てることが好きなんや。でも、あの（三代目社長在任）時代はそれが許されんかったんで、代わりと言っちゃなんだが、鳩を育てていたような気がする。要するに、隠居生活を楽しんでいたわけやな」

とは後に、大東氏自身が側近に語っていた言葉だが、そんな消極的だった大東氏が社長に就任した最大の理由が、「王将」に対する愛情であることは間違いない。が、もう一つ挙げるとすれば、大東氏の家族の後押しだったという。

「社長になりたいなら止めた方がいいわ。けど『王将』が好きなら、やってみればいいんじゃない」

仕事ばかりしていて、ろくに面倒を見ていなかった娘からそう励まされ、ようやく引き受けることを決意したのである。

大東氏はまず、火の車状態になっていた会社の財務状況を何とか改善しなければならなかったが、目前に迫った社債の償還に充てる約五十億円の金策が何よりの急務だった。

彼は大手都銀から街の小さな金融業者に至るまで、金額の多少にかかわらず融資または出資してくれそうな相手を求めて奔走した。最初は軒並み拒否されたが、何回も通い詰めるうちに、やがて〝奇跡的な朗報〟がもたらされた。

「大東社長が公私にわたって交友関係を築いてきた知人らに頼み込んだ結果、そのうちの一人に『王将』の二十六億円余の第三者割当増資を引き受けてもらうことに成功した、と聞いている。ほかにも複数の知り合いが合計で五十億円余もの投資を約束してくれたということらしい。今後の展開次第では株式は紙屑《かみくず》同然になるし、他の設備だって二束三文になる危険性を秘めていたのに、大東氏の人柄や実績が信頼されたと

いうことだろう」（「王将」関係者）

この証言が事実であり、かつ出資者の意図が額面通りに受け取れるのであればまさしく奇跡というしかないであろう。そして、大東氏の頑固だが誠実な生きざまと、「王将」への凄《すさ》まじいばかりの愛着が、会社と従業員を救ったことになる。が、そんなきれいごとでは済まされないのが世の常である。

このカネは、出資者自身は「王将」の経営基盤や将来性を考えて、出資するに値する企業であると判断して出したもので、さほどの裏事情があったとは思えない。ただ、出資者の周辺で蠢《うごめ》く面々には、何やら別の目的や思惑があったことは間違いない。

実はこの時、「王将」を取り巻く経済的な環境として、そのまま「王将」を破綻《はたん》させ、いったん解体した「王将」の資産を自分たち主導で整理したり再運用させることで多額の利益を得ようという動きと、ここは支援・救済して恩を売り、「王将」が毎年稼ぎ出す利益を吸い上げていこうと考える動きが出ていた。

そんな「王将」を狙う面々にはそれぞれ、政治家や闇社会の住人らが連なっており、後にさまざまな形で動き出すことになる。

その辺りに、王将事件の真相、大東氏殺害の謎を解明する鍵《かぎ》があるように思える。

それゆえ、捜査本部も経済事件のエキスパートら〝精鋭〟を送り込んで調べたところ、驚くべき新事実が明らかになっていくのだが、それについては後述する。

大東氏にはホッと一息つく暇もなく、二年後に今度は約四十億円分の社債の償還期限が迫っていたし、もちろん、そのほかの借金も清算していかなければならない。

もはや目先の金策だけで、何とか乗り越えられるといった事態ではなかった。主要取引銀行をはじめ金融機関からの支援なくして、「王将」の再建などない。そして、それらを取り付けるために、まずはきちんとした会社の再建計画を立て、金融機関などに納得し信頼してもらわなければ始まらない。

大東氏は大勢の役員や幹部社員のうち、これまで苦楽をともにしてきた古参の専務と常務と三人で社長室にこもり、一週間にわたって「王将」の再建計画を練った。文字通り、社長室の冷たい床に毛布を体に巻き付けて寝転がるだけの不眠不休態勢で臨んだのだ。

三人が辿《たど》り着いた「新しい経営方針」は、「王将」の原点に返ることであった。

「王将」最大の長所は、「うまい、安い、早い」料理と、オープンキッチンを使い、客の目前で「出来立てホヤホヤ」の手作り料理を提供することだ。その原点に立ち戻り、中華料理店経営以外の事業から完全撤退し、本業でも多店舗展開戦略を中止して不採算店舗は即時閉鎖する。即ち、会社に溜《た》まった膿《うみ》をすべて出し切り、裸一貫になって一から出直すという厳しくも前向きな再建計画、いや「王将」再生計画を打ち出したのだ。

「『王将』の経営危機は、餃子が売れなくなったわけではない。はっきり言って、本業以外の不動産投資が原因だったんです。『王将』はそれまで創業者の教えとして《株に手を出さない》や《不動産に手を出さない》《他業種に手を出さない》という方針を守ってきたのに、バブル景気に踊らされ、余計なものに手を出した。そこで先代（朝雄氏）の遺訓を守り、『餃子の王将』事業に特化するとの原点回帰を宣言し、『王将』を建て直そうと誓ったことで、ようやく社長以下全社員が一丸となって再生に乗り出すことができたのです」

元「王将」幹部社員は、当時を振り返って、そう述懐する。

幸いにも、こうした原点回帰策が複数の銀行から認められ、何とか支援を取り付けることができた。まさに断崖《だんがい》絶壁、土俵際からの再出発であった。

サクセスストーリーの罠

大東氏が真っ先に手がけたのは、四百七十億円という膨大な有利子負債の圧縮だった。彼は思い切って八十四億円の特別損失を計上することを決意し、投資が焦げついていた不動産などの不良債権を次々と処分するとともに、自社が所有していた資産を可能な限り売却し、負債金額を減らして、財務体質の強化に努めた。これらの中には当然、三代目社長が肝煎《きもい》りで進めた福岡県のゴルフ場運営会社への融資中止なども含まれていた。

また、同時に不採算店舗の閉鎖、不要不急の店舗修繕費や使途不明金を含めて大幅に膨れ上がった各種営業経費を削減するなど、大がかりなコストダウンを図った。

それは、大東氏自身が「血の小便が出た」と言うほど厳しく大ナタを振るった改革であり、「王将」再建計画を考え、実行に移している最中に患った顔面神経痛は、過労とストレスが加わって、その後も治らず、亡くなるその日まで顔の右半分はピクピクと痙攣《けいれん》し、右目の神経も麻痺《まひ》して視界が利かなくなっていたほどである。

この全面的な経営方針変更とビジネス戦略転換が功を奏し、〇二年三月期で約二十九億円の純損失を計上したものの、意欲と自信を漲《みなぎ》らせた再生への第一歩を踏み出した。

驚くことに、大東氏が社長に就任してわずか二年で「王将」は黒字に転じた。

そして、巨額な負債を社員一丸となったパワーとチームワークで吹き飛ばし、世界経済を襲ったリーマンショックもモノともせず、順調に売り上げを伸ばしていった。

彼が社長に就任した時点で四百五十だった店舗数は、不採算店を次々と閉鎖しながらも〝反転攻勢〟で逆に積極的に出店したこともあって、大東氏が殺害された事件前の段階で六百八十店舗以上に増加し、従業員数も二千人を突破した。

「王将」の連結売上高も、二〇〇九年三月期に対前年比一〇・五パーセント増加という驚異的な売り上げ増を記録。さらに一〇年三月期で前期比二二・四パーセント増の六百七十二億円を記録し、経常利益も前期比七六・五パーセント増の百九億円と、いずれも過去最高を更新した。そして小売店の真の実力を測るバロメーターとされている既存店売上高に至っては、〇七年八月から一〇年五月まで三十四か月間連続で前年実績を上回った。

このグループ全体の売上高は翌年から少しの間、やや伸び悩み傾向を示したものの、一三年三月期には七百四十三億円と過去最高記録を更新。続く一四年三月期も七百六十二億円とさらに売り上げを伸ばすなど、見事にV字回復を果たした。

この間、巷《ちまた》では「デフレが進行し、外食産業界では低価格競争ばかりが注目され、どの店舗も相当な売り上げ減に陥った。そんな外食不況の中で驚異的な売り上げ増を記録し、数少ない〝勝ち組〟の一人となった経営手腕は、絶賛に値すべき素晴らしいもの」（業界関係者）と高く評価された。

昼食、夕食時分には満席どころか長蛇の列も当たり前と言われる人気の「餃子の王将」が、つい十数年前には苦境に喘《あえ》ぎ、倒産寸前にまで追い込まれていたことなど、いったい、誰が想像できようか。

こうして成功した理由としてはまず、「餃子一日百万個」（現在は一日二百万個）などといった強烈なＣＭが大ヒットしたことが挙げられよう。

さらにラーメンの味付けだけでも十数回も変えるなど、「おいしいものを作るため」の研究熱心さが従業員に漲っている。また、以前からやってきた「餃子の無料券」に加え、「三十分以上皿洗いしたら餃子はタダ」「ジャンケン合戦に買ったら全品無料」といった明るく楽しいアイデア商法も人気を呼んだ秘密の一つだろう。

だが、何と言っても各店舗の個性を十分に活《い》かした「出来立てホヤホヤ」のメニューと価格設定こそが大成功の秘訣《ひけつ》であろう。

いい食材を安く入手できる大量一括購入と、調理の効率を高める食材の一次加工を行う「工場一括生産方式」とか「セントラルキッチン方式」の利点だけを残し、工場での加工は餃子の餡《あん》と皮、麺類《めんるい》などの半加工のみに限定し、残りの加工済み食品はすべてメニューから除外したのだ。

つまり、「王将」のセールスポイントである「手作り感」を復活させるため、工場で一括加工する餃子の餡と皮、麺類のほかは、各店舗には材料だけを送って、店でその日の朝に餃子を皮に包み、注文に応じて客の目前で焼いて出すなど、各店でできるだけ調理するように改めたわけだ。

さらに店長の権限を拡大し、各店独自のメニューで勝負できるようにした。

たとえば、麵を四玉使った「びっくりラーメン」や、普通サイズの四・五倍に相当する「びっくりチャーハン」(いずれも大阪・豊中《とよなか》市)、昔話に登場する山盛りご飯が付いてくる「日本昔話盛り定食」(横浜市)、天津飯と焼飯をミックスした「天津チャーハン」(大津《おおつ》市ほか)、「具だくさんすき焼きラーメン」「あぶりチーズ餃子」など和洋折衷メニュー(京都市)など盛りだくさんだ。ほかにも「ホルモン味噌《みそ》焼き丼」や「海老《えび》入りコーンポタージュ天津飯」などどこの国の料理か分からないメニューもある。

ほかのサービス面でも、前述した各種無料券配布や、皿洗い・ジャンケンによる無料サービスに加えて、子供向けにアイスクリームバイキングコーナー、女性向けに餃子の皮でアンコを巻いたスイーツコーナーなどを設けたり、一人前十品付きで千四百円台という超格安の宴会コースを設定するなど客層、用途に応じて楽しめる仕組みになっており、店員もやる気満々だという。

それもそのはず。店の売上高や利益の伸び率、一人当たりの生産性などの観点で採点され、総合順位が付けられ、一位の店には五十万円、二位は三十万円……と本社から報奨金が支給され、店長や従業員の臨時ボーナスに繫がるからだ。

もちろん、各店の情報はオンラインで本社に刻々と伝わり、食材の使い方とか店員の対応ぶりなど細かくチェックされるし、成績の上がらない店の店長は本社に呼び出され、担当のエリアマネージャーとともに問題点を分析し、対策を講じたうえで大東社長と面談しなければならないなど、決して野放しにはならないシステムになっている。

大東氏は店の成績向上のため有効な対策にはカネ、ヒト、モノは惜しまず投入するといい、それが売上躍進に繋がっていくのだという。

だが、こうしたサクセスストーリーや自慢話には必ず、陰の部分が存在し、得てして、意外な罠《わな》や落とし穴があるものだ。

その一例が厳し過ぎる従業員研修であり、過重な労働環境であるといった声が出ているが、これについては第4章で説明しよう。

たとえば、マイペースでのんびりやりたい店長には不満が募ることも多い。

そうした店長や幹部社員有志が、売り上げ向上だけを最優先させた会社の経営方針に異を唱え、職場の労働環境改善を訴えたり、三代目社長が進めようとしていた「精神論重視の経営からの脱却」を主張したこともあったが、全く聞く耳を持たれなかったという。

座右の銘が《人を稼いで人を残す》だと話す大東氏は常に、従業員を大切にすることで知られている。従業員が意欲を燃やして業務に取り組まない限り、会社の繁栄・発展はあり得ないというのが彼の持論である。

倒産寸前の危機的状況下においても、従業員を一人もリストラしなかったことや、二十九億円の赤字決算を出した年でも、従業員には夏と冬、決算時の計三回、ボーナスを支給していることからも、彼の信念が揺るがないものであることは明らかだろう。ただ、それらに感謝し歓迎しながらも、何かと精神論を振りかざし、「骨身を惜しまず働くことが何より尊い」という持論を押しつけてくる大東氏の姿勢を鬱陶《うっとう》しく思い、有り難迷惑に感じる従業員がいることも事実であった。

そうした不平不満が燻《くすぶ》り、社内対立に発展する辺りに大東氏殺害の謎が潜んでいるのではないかと見て、捜査本部は「王将」社内や周辺に特定の情報源を設けるなど、社内外の聞き込み捜査に全力を挙げてきた。

「社内外の関係者を聞き込み捜査していて感じたんは、大東社長個人が憎まれていたとか嫌われたというレベルの話ではなく、『王将』という会社の体質や、大東社長が崇拝してしっかりと受け継いだ創業者・加藤朝雄氏の経営哲学とか精神論重視の経営姿勢に問題があったんやないのか、ということなんや。つまり、大東社長が先代の加藤朝雄氏と一心同体であったこと、そして彼が会社再建の柱に『原点回帰』を掲げたことに狙われた最大の理由があったに違いないと思えてならんのや。これは、実は、事件を解決に導くうえで、大きな問題になるんや」

王将事件に携わるベテラン捜査員の一人は、そう明かす。

確かに大東氏個人と「王将」の歴史をざっと振り返った範囲で言えば、大東氏のやり方に多少強引なところがあったとしても、他人に恨まれ、殺害されるほどの問題点は浮上してこない。会社の業績は着実に回復しているし、〇五年に中国進出を果たし、〇六年には大証一部に昇格するなど、その復活ぶりは至って順調であると言っていいだろう。

そうなるとむしろ、「王将」という会社そのものか、創業者または、その一族に何か問題があって、積年の恨みを受けていたと考える方が合理的ではないだろうか。その場合にはなぜ、一三年末になって事件が起きたのかという疑問点が生じてくるだろう。

得意の絶頂にあった企業トップの射殺だけに、そこには深くて暗い闇が横たわっているのは間違いあるまい。この事件は紛れもなく、企業テロ事件なのである。

ここで気になるのが、序章で紹介した老婦人の話である。

彼女というより、その母親が終戦時の中国東北部（旧満州）で親しく交流していたとされる若き軍人「カトウ・アサオ」は果たして、「王将」創業者の加藤朝雄氏と同一人物なのであろうか。

もし、そうだとしたら、その老婦人の存在が「王将」という会社に、さらには創業者と一心同体とされる大東氏殺害に、何らかの影響を与えていないのだろうか。

実は、王将事件が起きる数か月前から、大東氏の周辺に〝怪しげな黒い影〟がチラつき始めていた。

第4章　ブラック企業

リストラなし賞与支給の裏側

「吹けば飛ぶよな、将棋の駒に～♪」

夜の巷《ちまた》にいかにも気持ち良さそうに、酔客の歌声が響いている。

「王将」創業者の加藤朝雄氏と同じ九州・福岡県出身である人気歌手、村田英雄《むらたひでお》（故人）が歌った大ヒット曲。その名も「王将」である。

「小倉《こくら》生まれで玄海《げんかい》育ち～♪」という「無法松の一生」など、男臭い故郷・九州の唄《うた》が多い村田だが、特に冒頭の唄「王将」はタイトルがタイトルだけに、「王将」の社員たちがカラオケなどで十八番《おはこ》にしているのかと思いきや、実は全く違う。「王将」社員たちにとって、本当の愛唱歌とは何と、北島三郎の「歩」と題した演歌なのだ。

「肩で風きる王将よりも～♪」

「歩のない将棋は負け将棋～♪」

何やら意味深長な歌詞が続くが、まさに大方の予想通り、過酷な労働条件の下で馬車馬のように働いてきた「王将」社員たちが、自分たちの厳しく辛《つら》い境遇を切々たる思いを込めて歌う曲らしい。この冗談のような話は決して自虐的なギャグなどではなく、本当の話なのだという。

元「王将」店員は、こう明かす。

「この『餃子の王将』という店が急成長を遂げたのは、経営手腕なんかやない。我々従業員が『同業他社に負けるな』とか『同じ王将でも他の店はライバルやで』と尻《しり》を叩《たた》かれ、不眠不休で働いてきたからや。今まで何人が過労で倒れ、辞めてったと思うとるんや。そうした連中の屍《しかばね》の上に、今の『王将』はあるんやで。『歩のない将棋は負け将棋』なんや」

そうした社員の声の端々には、まるで怨念《おんねん》のような響きさえ窺える。

事件当日に記者会見した「王将」幹部たちは、「大東社長は従業員や取引業者らに人望があり、恨まれる人間ではなかった。会社も順調に成長しており、思い当たるトラブルは全くない」と口を揃え、何も問題はなかったと言わんばかりに胸を張って答えていたことは、既に述べた通りである。

実際、同社役員や幹部社員をはじめ、店で働く従業員や取引業者などを取材すると、誰の口からも〝いい話〟しか出てこない。

「大東社長は何よりも社員のことを考え、社員を大切に扱ってくれました。風邪を引いた従業員のため、『社内で暇な人間はワシくらいしかおらんから』とか言って自ら自転車に乗り、近くの薬局に薬を買いに走るなど気遣いが細やかでした。とにかく気

さくな人柄で気配りの人でしたから、社内では絶大な人気がありました」(「王将」社員)

「店の成績が上がらずに悩んでいたら、社長自ら飛んできてくれ、夜遅くまで一緒にいろいろと考えてくれました。それも偉そうに説教するのではなく、一緒に行動してくれますし、私たちが疲れてぐったりしていたら、皆を帰した後で店の掃除から料理の仕込みまでしてくれ、皆、感激して『この人について行こう』と思いました」(FC店店長)

「大東社長は毎朝の掃除もさることながら、気軽に自転車に乗って会社や店の周りを走り回り、近所の住民から通行人に至るまで挨拶したり、声をかける庶民派社長だった。たまたま店にいた時も『まだ若い者には負けんぞ。ワシの餃子が一番うまいんや』と笑いながら餃子を焼き、常連客を喜ばせていた。とにかくサービス精神が旺盛《おうせい》です。あの人を恨む者はいないはずです」(知人)

さらに、二〇〇〇年に社長に就任した際の労働組合との協議の席で交わされた会話は、議事録を読む限り、「感動的な話」ばかりが飛び出している。

この時、会社が巨額の負債を抱えて倒産寸前の危機的状況に置かれていたことは、労働組合幹部ならずとも社員全員が知っていた。それだけに新しく社長に就任した大東氏との初の労使交渉の席で、新社長からどんな話が出るのかが注目された。

その席で冒頭、大東氏は高らかにこう宣言したという。

「今回の経営危機の責任は、中華料理店経営という本業以外には手を出してはならないという先代（加藤朝雄氏）の教えを忘れ、バブル経済の波に乗って不動産投資などいろいろなことに手を広げ過ぎた経営陣にあります。これからは原点に立ち返り、本業以外の事業はすべて整理し、〝餃子の王将〟事業に特化して地道に進んでいく覚悟です」

そのうえで大東氏は「原点回帰で『王将』を建て直したい」と誓ったのだ。

さらに、彼は「会社を再建するには、従業員の皆さんと手を取り合って行かなければならない」と言い切って、会社再建を理由にして一人のリストラも行わないことを約束し、実際に誰も辞めさせなかった。

そして、驚くことには組合側に「今回の負債問題は社員に責任はない。従って役員報酬をカットしたり株主への配当を減らしてでも、社員への賞与は出す」と言って、賞与返上は必至と覚悟していた社員一同を感激させた。

それまで「王将」では毎年、夏と冬、決算期の三回、賞与が支給されてきたという。それを一度も欠かすことなく継続し、それも約二十九億円もの赤字を計上した〇二年三月の決算期であっても、支給額こそ多少減ったものの、三回の賞与をきちんと支給し続けたというから「大東氏は従業員思い」との評判が立っても不思議ではあるまい。

ましてこのような話を聞いて喜ばない、感激しない従業員など皆無であろう。それが全員が一丸となって会社再建に取り組み、奇跡的な業績のV字回復を達成したという伝説を生み出した、と言われている。

何やら、後から〝作られた成功談〟とか、「予《あらかじ》め用意された、汗と涙なくしては語れない苦労話」のような気がしないでもないが、実際に大東氏が社長に就任した二年後には黒字化に成功しているのだから、ある程度は認めざるを得ないだろう。

ただ、どのような話にも表と裏がある。

「王将」のサクセスストーリーにも、大東氏の人情味あふれるエピソードにも、視点を変えて見つめれば、全く異なる姿が見えてくるに違いないと捜査員たちは考え、聞き込み捜査の方法や相手選びに工夫を凝らした。

大東氏が真っ先に取り組んだのが、厳しい財務状況の改善であった。即ち、可能な限り資産売却と不採算店閉鎖などの不良債権処理を進め、社内外の徹底的な合理化を行うなど「タブーなき改革」を断行したのだ。

それは、大東氏自身が「血の小便が出た」と言うほど厳しい再建策であったが、有利子負債が約四百七十億円もあるうえ、早急に手当てしなければならない資金が約五十億円もあったのだから、止むを得ない措置と言えた。

しかし、大東氏が良かれと思い、信念を持って行ったことが裏目に出た感が強い。そして、それが社内外の関係者たちの反発を招き、本来なら多額の借金を拵《こしら》えた前任の社長に向けられるべき恨みや怒りが、大東氏に集中したという側面があることは否めない事実であろう。

その最たるものの一つが多店舗展開戦略の抜本的な見直し（中止）による不採算店閉鎖であり、もう一つが取引・下請業者への取引停止など厳しい対応策であった。

「三代目社長は店の客席数を増やすことが売り上げ増に繋がるという考え方でしたから、マーケティングや進出先の立地条件などを十分に調査しないままで、とにかく全国各地に店舗をオープンしようとしました。それで開店する前にさまざまなトラブルを抱えたり、いざオープンしたのはいいですが、客足が思ったほど伸びないなど経営上の問題が次々に起きてしまったんです。こうした戦略を全面的に見直して中止に持ち込み、儲かっていない店を閉店するという英断は正しかったのですが、事業にかかわっていた当事者たちからすれば、無理やり二階に上げられてから梯子《はしご》を外されたようなもので不安と不満、そして怒りが爆発してしまった……」

そう打ち明けるのは、多店舗展開戦略に携わった「王将」関係者だ。

確かに、もともと反対していたのに、強引な社長命令によって見知らぬ土地に行って苦労を重ね、ようやく何とか新規開店にこぎ着けた。そうしたら、スタート時の客の入りが悪いという理由で、弁明や事情説明は一切認めず、努力・改善の機会を全く与えられないまま数か月で閉店では、従業員や関係者たちが「やってられない」という心境に陥るのは当然であろう。

それに、閉鎖された店の店長や従業員は事実上、強引な指示を出した本社の犠牲者なのだが、会社側は成績不振という厳しい査定を示し、給与の大幅ダウンや降格人事などの処分を下していたというのだから、怒りが爆発するのも無理はない。


もう一つ、従業員や関係者たちが不満や憤りを強く感じたのは、急激なシステム改革と従業員の体質改善への要求であった。

三代目・加藤潔社長が強力に推進していた「工場一括生産方式」は、大半の食材を拠点とする巨大工場で製造して冷凍保存し、各店舗に直送して客に提供するシステムのことである。各店舗は工場から送られてきた食材を解凍するだけだから手間が掛からず、しかも、どの店でも全く同じ〝王将の味〟を楽しめるという、見方によっては極めて合理的なやり方と言えた。

だが、同時に、こうした体制は、王将の魅力を半減させたことは間違いない。

もともと「王将」は、食材を大量一括購入することで原材料費を安く抑え、餃子の餡《あん》などをまとめて製造することで効率を高めるセントラルキッチン方式を採用してきた。

そこに各店特有のメニューやサービスを加えて、「ユニークでバラエティーに富んだ、安くてうまい、それでいて〝出来立ての食感〟を楽しめる料理」を提供することをセールスポイントにしてきた、と言っていい。

ところが、セントラルキッチンをより集約化した形である工場一括生産方式では、各店舗独自のメニューやサービスが姿を消し、ほかのチェーン店との差異がほとんど見られなくなってしまった。つまり、ほかの外食チェーン店で食べるのと味や価格に大差がなく、それならメニューが豊富なファミリーレストランの方がいいとなって、売り上げは思うように上がらなくなったのだ。

そこに急激な全国展開戦略が加わったのだから、出店準備費用や工場の設立費用ばかりが膨らんでいき、経営圧迫の大きな要因となったことは否めまい。

バトンを受け継いだ大東氏は、これを「王将」が従来行っていたという各店舗の個性を尊重した方式に戻し、そのうえで各店舗が知恵を振り絞り、店舗同士でアイデアや売り上げを競い合うことを求めた。

ところが、この方式は店の経営に意欲的な店長ら中堅幹部クラスや、「古き良き王将」を知る世代の社員には歓迎されたものの、新しく入社した若手従業員を中心とする面々を大いに困惑・混乱させた。

入社以来一貫して、あるいは長らく「工場一括生産方式」に慣れ親しんできた若手従業員たちに対して、いきなり高度な調理技術とかメニューのユニークなアイデアを求めても何もできないだろう。第一、この方式を採用して新規開店した店舗の厨房《ちゅうぼう》は狭く、大した調理設備が備わっていなかったため、個性的な料理を素早く作ることなどできるわけがなかったからだ。

こうした混乱ぶりや現場に対する負担増で、一部の店長や若手を中心とした従業員の間から「かえって店側の負担が増えて、従業員の労働増加に繋がっている。以前の工場一括生産方式の方がスピーディーに捌《さば》け、満員の昼食時には助かっていた」と批判の声が上がり始めた。

何しろまず、各店長以下従業員たちの調理・接客技術向上のために再教育・指導・研修を徹底して行うことから始めなければならなかった。

しかも、店を営業しながら進めなければならないため、毎月二回、あるメニューに限定して格安で提供するなど〝目玉商品〟を設定。当然、そのメニューに客の注文が殺到するから、店員たちは必然的にその料理をたくさん作らなければならず、一つの料理を作り続けることで調理技術は向上し、その料理を毎月毎週変えていけば、最終的にはすべてのメニューの調理技術に磨きがかかるという寸法である。とにかく前進するしかなかったのだ。

パートから幹部まで研修漬け

だが、調理技術以上に重要で難しいのは、従業員の意識改革であった。もともと「王将」には、料理が好きで調理師を希望して入社してくる若者が多いため、調理技術の向上はさほど難しいこととは思えなかった。むしろ問題はいくらシステムを変更しても、人間が一度気を緩めたり、すさんだりしてしまった心はなかなか元には戻らないため、どうしたらモラール（勤労意欲）を高めることができるかにかかっていたと言っていい。従業員がやる気を見せなければ、「王将」復活などあり得るはずはなかった。

大東氏が従業員のやる気を引き出すために採った方法は、徹底的な社員研修の実施と、頑張った分は自己利益になるという成果還元制度の確立であった。

「気持ちのいい接客態度を保ちながら安くておいしい料理を手際よく出していくには、まず店長の心が燃えてなきゃあかん。その熱気を全従業員に伝えることが店を健全経営するための第一歩や。ワシは従業員を大事にせないかんと思っとるが、そのためには従業員に満足して働いてもらわんといかん。そうせんとお客様に満足してもらえるようなサービスは無理やからね。やる気を出してもらうには職場を働きやすくし、楽しくすることはもちろん、大事なのは成果を還元する、つまり利益を自分たちのものにできることなんや」

大東氏は新たな経営方針について、役員たちにそう説明している。

ここではまず、厳しい社員研修の実態についてお伝えしておこう。

「王将」グループほど社員・従業員研修に力を入れている企業は、少なくとも外食産業界ではないだろう。

個店主義、即ち各店の店長ら従業員の個性やアイデアを尊重し、店を経営する権限と責任を現場の店長に大幅に委譲する考え方を指す。そんな考え方を取る「王将」では彼らに店の経営に必要な知識や技術を習得させると同時に、厳しいノルマと重責を担う「王将」店長または従業員としての心構えを、しっかりと植えつける必要に迫られていたからだ。

そのため、「地獄の特訓」として知られる新人合宿研修に始まって、初年度従業員研修や店長候補研修、エリアマネージャー研修、幹部研修、調理研修、接客研修などひっきりなしに研修を行い、一人の社員が店長に任命されるまでには最低でも十回以上の研修を積まなければならないシステムになっており、まさに研修漬けといっていい。

それどころか、まだまだ人材育成のための研修としては物足りないと、一年に教育研修部という組織を立ち上げ、各店やセントラルキッチンなどでパート従業員として働く主婦や高齢者に至るまでパート・アルバイト研修や接客研修を受けることになっており、相当に厳しく、中身の濃い研修が待ち構えていると見て間違いないだろう。

「企業として『王将』が成長していくためには、従業員一人一人、特に店長クラスの努力や情熱、創意工夫、忍耐力などが必要不可欠。そのためにも研修に力を入れざるを得ないのが実情です。頭脳ばかり優秀でも駄目で、お客様に好かれながらも、店格というか店の品格を上げなければいけない。店長という仕事はいろいろとやらなければならぬ仕事も多く、なかなか難しいポストなんです」

そう打ち明けるのは、店長を総轄する元エリアマネージャー。こう続ける。

「店格（店の品格）を上げなければならないということは、裏を返せば、会社に寄せられるお客様からのクレームが多いということなんです。皿の置き方が乱暴だとか、接客態度が悪い、注文した品を間違える、いくら店員を呼んでも来ないなど手際が悪い……などいろいろとあって、原因を調べてみると、パート従業員の態度に問題がある場合が多いことが分かったんです」

「そうした苦情報告書を整理、分析しているうちに、ウチでは時給額ばかり気にしたり、少しでも楽しようとして作業を一つ一つゆっくりと行うようなパート従業員では勤まらないので、パート従業員の意識改革が重要だということが分かりました。今は新規の開店が多く、若い従業員がどんどん増えるので、彼らの研修も大事ですね」

その中でも、新入社員に対する研修は「地獄のような五日間の合宿研修」(元「王将」従業員)として知られ、それを体験してすっかり嫌気が差し、早々と辞めていくエリート幹部候補生も現れたという。

毎朝六時に起床し、長距離走にオリジナルの「王将体操」を延々とやらされた挙げ句、大声での挨拶といった基本動作に始まり、四人一組で声を合わせて「王将五訓」を暗唱し暗記できずに間違えるのは論外で、声が合わないうちは合格しないチームワーク特訓、機敏な態度と反射神経を求められる「二メートルでも瞬間移動」特訓、リーダーの掛け声に合わせて一日数十キロも早足で歩く軍隊式行進訓練など、夜十一時の消灯時間までびっしりとカリキュラムが組まれており、徹底的なスパルタ教育が施される。

研修の狙いは新入社員の「王将」マンとしての心構えや精神力を養おうというのが主であり、業務に関する基礎知識や基本的な技術を習得する時間もあるが、大半は体力と精神力、接客姿勢、チームワーク力のアップに充てられる。

合宿期間中は携帯電話はもとよりテレビ、新聞・雑誌、タバコ・酒は厳禁。「王将五訓」の暗唱や意外とハードな「王将体操」、長距離行進など幾つかの課題に合格しないと研修は終了しないといい、「起床から就寝まで怒号と悲鳴が飛び交う過酷な研修で、おとなしい紳士然とした青年が合宿終了時には狂ったように大声で叫んでいる姿はまさにカルト教団の洗脳シーンを彷彿《ほうふつ》とさせ、ゾッとする」（「王将」関係者）ほどの凄《すさ》まじさである。

「いささか時代錯誤的な内容の研修ではないか」（元「王将」従業員）と思われるし、実際、研修に参加した社員やその関係者、外部株主など会社周辺の人々から非難が殺到したこともあったが、「経営者と従業員間の太い絆《きずな》は、こうやって築き上げられるものだ」と信じて疑わない大東氏をはじめ「王将」の古参幹部たちは、全く意に介さなかったという。

「従業員は我が子同然。厳しく指導し、最後まで面倒を見る」

この自信満々とも言える「思い込みの強い精神論」（「王将」社員）こそが、「王将」の持ち味でもあるし、逆に社内統一が図れない弱点とも言えた。

大東氏の得意とする技は、アメとムチを上手に使い分けることであった。

会社の業績が悪い時でも従業員にボーナスを払い続ける一方で、彼らに対する研修教育は非常に厳しく行った。前述した各種研修への半ば強制的な参加がその一つであり、努力し業績を上げた者への正当な評価と〝成功報酬〟の支給と、反対に実績を残せなかった者に対する罰則や制裁金、研修強化などがそれに当たる。

前述したように、各店舗に売上高の目標値を設定させ、その目標を達成した店舗のうち上位の店舗に一位五十万円、二位三十万円……と報奨金を与えたり、目標値を超えた店舗には、超えた金額の三分の一相当を毎月店に支給する成果配分制度を設けている。また、各店長にはメニュー作りや店のインテリア改装などで、さらなる権限拡大を認めるなど、成果はきちんと評価する。

逆に目標値を下回った店長はエリアマネージャーと徹底的に原因分析と対策を検討し、大東社長も加わって有効策を生み出していく。「いいアイデアが生まれれば、経費や人員などの面で援助は惜しみなく行われたが、うまく対策が講じられないと、社長から激しく叱責《しっせき》された」（元店長）という。

これらの指導や数々の研修の内容にはなかなか厳しいものがあり、表現を換えて言えば「先輩たちが熱き思いで若手を鍛え上げてくれるのはいいのだが、ともすると〝吊《つ》るし上げ面談〟や〝糾弾ミーティング〟であったりすることが多く、感謝より恐怖心や憎しみの方が先に立った」（元「王将」幹部社員）という。

捜査本部は、そうした「軍隊式階級社会と化した社内のムードや、絶対服従・完全奉仕を求めるような会社の姿勢を嫌って退社した」と主張する元従業員とその家族らの中に、会社や大東氏を恨んでいる者がいるのではないかと見て、徹底的に調べている。

ところが、そうした不良退職者を洗うために捜査本部が会社側に退職者リストの提出を求め、個々の退職者について事情を聴こうとしても、「ウチの社員には社長を殺すような悪い奴はいない」と言い張って、個人情報保護などを理由に応じないなど、あまり捜査に協力的とは言えなかったのである。

これら会社側の非協力的な態度は随所で見られ、捜査本部内では「会社に対する愛情とか、社員同士のかばい合いでは済まされない問題」（府警幹部）と態度を硬化させた。

捜査員たちは「会社の恥を知られるのが嫌なんは分からんでもないが、社長が本社前で殺されている事実をどう考えとるんか不可解な対応や。まるで事件を解決して欲しくないんかと思えるわ」と呆《あき》れ返っていたほどだ。逆に、「社内にさまざまな問題があり、警察にさえ知られたくないのではないかと勘ぐらせる対応ぶり」（ベテラン捜査員）であった。

大東氏自身、前述したような強圧的な雰囲気とは裏腹に、たとえば、従業員の夫人たちに対し「内助の功があればこその会社の繁栄」とばかりに三千円相当の花束を誕生日祝いに贈ったり、クリスマスには「サンタクロースからのプレゼント」として数千円から一万円までの小遣いを現金封筒で送ったりするなど、家族に気を遣った柔和な対応を見せている。さらに、従業員自身やその親族の冠婚葬祭には欠かさず、花籠《はなかご》などを贈っており、ことあるごとに「従業員は皆、家族」とアピールしてきたという。

それだけではない。前述したように過酷な合宿研修を終えた新入社員には「ご褒美」として楽しい〝ハワイ研修〟が待っていたし、好成績を上げた店長やその家族にもハワイ旅行や欧州旅行のプレゼントがあったといい、捜査本部の聞き込み捜査や私の取材でも、従業員たちの大東社長評は好き嫌いが半々に分かれていたように思われた。

サービス残業続きで過労死寸前

しかし、その一方で、近年の外食業界の低価格競争や原材料の高騰などもあって、経営危機からの起死回生の復活を目指すため、従業員に対して長時間労働を強いるようなやり方を取っている。また、「やる気が感じられない店員を閉店後、三時間以上も床に正座させて説教し、相手が改心して働く意欲を見せようとしないと分かるや、大幅な賃金カットを断行し、結局、辞めざるを得なくさせる」(元「王将」社員)など、非情な姿勢を示している。

経営者側による労働者側への賃金未払いをはじめ、慣行的なサービス残業の実施、パワハラによるいじめや解雇強要、「窓際ポスト（何の仕事も与えられない閑職）」や「リストラ部屋」などへの不当配転……といった仕打ちが繰り返し行われ、労働者側が心身ともに苦しい立場に追い込まれていくのが、「ブラック企業」と呼ばれる会社の特徴だという。

果たして「王将」でも同じようなことが行われていた、というのだろうか。

会社の方針に従って一生懸命働く者にはいくらでも支援の手を差し伸べようとするが、会社に従わず消極的、反抗的な態度を取り続ける者には辛《つら》く当たり、やがて見捨てる。

これが「ブラック企業」の特徴であるとすれば、そうした対応が日常茶飯事的に行われているという「王将」は既にその仲間入りをした、と言っていいだろう。

実際、一三年二月には、京都府内の「王将」の店舗で働いていた二十七歳の男性が「長時間労働でうつ病になり、一一年四月から休職を余儀なくされた」などとして、「王将」を相手取り二千三百万円の損害賠償を求める訴訟を京都地裁に起こしている。

訴えによると、この男性は最初はアルバイトとして「王将」の店舗に勤めていたが、十か月後に正社員として登用され、調理などの業務を担当した。だが、長時間労働が原因でうつ病を発症し、仕事を休まざるを得なくなったという。うつ病を発症する直前六か月の残業時間は月約百三十五時間で、うつ病は労災として認定された。

厚労省が一四年九月に調査結果をまとめて発表した一三年若年層（十五～三十四歳）の雇用実態調査によると、時間外労働が月八十時間を超える過労死ラインに達する人が七・二パーセント、過労死ラインに近い人が一五・三パーセントと合計二二・五パーセントの人々が危険性のある長時間残業をしていたことが分かった。また、同調査で「主な収入源」について調べたところ、「正社員」の七五・三パーセントが「自分の収入」と答えていたのに対し、非正規社員は四〇・九パーセントに止《とど》まり、「親の収入」の四〇・三パーセントに匹敵しており、親の援助なしに生活できない実態が浮き彫りになった。

「王将」の訴訟の例は、残業時間が月約百三十五時間と過労死ラインをはるかに上回っており、劣悪な労働条件が明らかになった。

そうした事実の発覚が影響してか、「王将」は一三年のブラック企業大賞にノミネートされており、捜査本部が元従業員を含む会社関係者の中に「王将」か大東氏を恨む人間がいなかったかを、何回も慎重に調べたのは当然であろう。

ところで、「王将」のブラック企業ぶりを告発する人は、まだほかにもいる。

「実は、『王将』では労働時間の管理をコンピューターで行っており、一日十時間を超える労働時間は入力できないように最初から設定してあるんです。つまり、一日の就労時間を十時間以内に収まるようにしないと、上の方から叱られる。実際は休憩時間を差し引いても十二、十三時間は優に働いているのに、残りの二、三時間は必ずサービス残業になってしまうわけです。だから、会社に提出する書類の就業時間欄は鉛筆で手書きにするように言われています。まあ、今のところ皆、元気で働いているから、何事もなかったかのように見えるだけで、誰か一人でも死なない限り、この過重労働問題が解決することはないでしょう」

そう語るのは、二十代後半の現役「王将」店員だ。

その男性の給与明細を見せてもらうと、残業時間は月四十時間余となっているが、実際は二倍以上の月八十時間から百時間に及んでいるという。

「就労時間を十時間以上付けないのが会社の方針である以上、残業代の不払いは会社ぐるみの所業と言わざるを得ません。私はまだいい方で、もっと繁盛している店ではサービス残業が月百時間という恐ろしい実態があるそうです。そんな〝地獄〟を何とか生き抜いて店長になっても、今度は売上目標に達していないために怒られ、仕方なく十万円ほど自腹を切って埋め合わせる店長が何人もいると聞いていますから、将来展望など開けるはずもないですね」

この店員が脱落せずに仕事を続けているのは、もともと身体が頑強なうえ、手取りで二十五万円から三十万円の月給がもらえるからで、節約してカネを貯め、習得した技術を活《い》かして将来、自分の店を持つことを夢見ているからだという。

「働かされると思うから腹が立つんで、逆に夜遅くまで働けば深夜手当が出るから得するとか、家に帰っても余分なカネを使うだけで、冷暖房が効いた店にいて食材を摘んで食費を浮かせば貯金ができると考えていれば、どうということないですよ」

そう言って苦笑いを浮かべる若き店員の姿には諦《あきら》めさえ漂っているが、彼の「自分の店は『王将』ではありません。目指すのは地獄ではなく極楽。人を壊す職場ではなく、人を生かす場所にしたいんです」という言葉に、一筋の光明を見出《みいだ》すことができるのか、心中複雑な思いを抱かざるを得ないのが実情だ。

もっとも、この収入に関しても、元従業員の中に、こんな不満があることは事実だ。

「月収二十五万円保証というから働き出したが、物凄《ものすご》い売り上げ目標を突きつけられ、朝の八時過ぎには店に出て、帰宅は深夜零時過ぎなんてザラ。残業は月百五十時間は優に超えているのに、固定給十万円、固定残業代十五万円は酷《ひど》すぎる。しかも、いくら尋ねても何時からが残業で何時間ついているのかの説明がなかったんで、さっさと辞めました」

こうした曖昧《あいまい》な表現で賃金を高く見せたり残業代が含まれるか否かを明示しないとか、正社員として募集したのに非正規で採用したり求人内容と違う職種や業務に従事させるとか、雇用保険や年金などの社会保険を「完備」としながら全く付いていなかったといった悪質な手法も「ブラック企業」の特徴である。

「王将」はその辺はきちんと整備されているが、何よりも若者を過酷な労働などで使い捨てる行為そのものが「ブラック企業」の出発点と言っていいから、「王将」がブラック企業大賞にノミネートされたのは当然なのかも知れない。

このほか、大東氏が社長になって徹底的に推進した合理化改革路線の中で、極端に安値の取引を求めたり、「王将」側が過剰な設備投資を持ちかけていたにもかかわらず、急激な路線変更であっさりと契約を打ち切ったりするなど、取引業者側を散々に翻弄《ほんろう》しているケースがあった。

「王将」に鶏肉《とりにく》を卸していた業者はその過剰な設備投資と突然の契約打ち切りで経営が立ち行かなくなり、社長が自殺している。

ほかにも、ある食材を「王将」に納めていた下請業者が過剰な値引きを要求され、渋っていると突然、取引打ち切りを通告された事例があるという。この会社の担当者は「呪い殺してやる」という不気味な遺言を残して自殺した。

「王将」の強引なやり方に混乱し、苦悩し、挙げ句の果てに過労死寸前まで追い込まれていくのは、何も「王将」の社員や従業員だけでなく、取引業者や下請業者も同じなのだ。

これらの事例はすべて大東氏のせいだとは言えないが、彼らの間には「王将」を恨みに思う声が出ていたことは紛れもない事実である。

殺害前後の経済変化に注目せよ

そんな不満分子たちにとって「何より厄介なこと」(元「王将」社員)は、大東氏が率先垂範で自ら仕事に取り組んでいる点だ。

彼はまず、朝一番に出勤して本社の掃除から始めた。社員が出勤してくる前に正面玄関や駐車場をほうきで掃くだけでなく、洗剤片手にトイレ掃除まで行った。文字通り、社長自らが地を這《は》うように働く姿を見せつけられては、迂闊《うかつ》に文句も言えないだろう。

「会社周辺は大して汚れておらず、単なるパフォーマンスやと言う人もおるが、ワシが掃除をするようになって、タバコや空き缶のポイ捨てがなくなったんや。仕事は朝が勝負。九時にはエンジンが全開できるようにしとるんや」

大東氏はそう言って憚《はばか》らない。

社長に社屋を掃除されて出迎えられ、なおも文句を言うほど〝剛の者〟はおるまい。

また、彼は社長に就任してからも一日二店以上を回り、時にはともに調理場に立ち、時には一緒に新しいメニューを考えるなどして、社員のやる気を鼓舞したため、反大東社長派はなかなか付け入る隙を見出せなかった。

何と言っても、大東氏の頭の中にはすべての店の特徴や目玉商品のメニュー、店長の名前と簡単な略歴などがインプットされており、立ちどころに店長が名前を呼ばれ、具体的な指示を出されるのだから、誤魔化しや言い逃れが利かなかったのだ。

「上に立つ者は、私利私欲はもちろん、好き嫌いを度外視して物事を考えていかなければならない。間違ったら『間違えました』と言えばええんやし、誤りは正せばいい。下手に隠そうとするから、余計に面倒なことになるんや」

とは生前の大東氏の言葉であり、さらに彼はこう続けている。

「正しいことをやっていれば、どこに行っても何をしても、少しも怖くない。たとえ警察に逮捕されようが、裁判に訴えられようが、株主総会で厳しく追及されようが、緊張なんてせんし、逆に『何でも質問して』とお願いしとるほどや」

ただ、それで「恐れ入りました」と兜《かぶと》を脱いで素直に従うほど、世の中は甘くはない。大東氏が行った経営戦略の変更と社内改革は、彼が置かれた立場から言って止むを得ないものだと言えるだろう。

ただ、それは三代目社長の施策を悉《ことごと》く否定したものにほかならず、三代目自身はもとより、創業家の御曹司を担ぐ取り巻き連中からすれば、面白くないことばかりであった。そして、大東氏の手腕で会社の業績が改善し、売り上げが上がれば上がるほど、彼らの恨みを買っていったことは想像に難くない。

「大東さんが社長の座に就けたのは、三代目社長一派に追い払われ冷や飯を食っとった古参幹部と、過剰投資を続ける御曹司の暴走に危機感を抱いた外部株主がクーデターを起こし、その後始末は大番頭しかできないと踏んだからや。先代から続く古臭い精神論に辟易《へきえき》していた社員たちは当初、三代目の合理主義に期待しとったし、大東社長誕生なんか、誰も望んでおらんかったんや」

そう語るのは「王将」の元幹部社員。こうも言う。

「新興国の革命劇と一緒で、政権が新しくなっても庶民（社員）の生活はちっとも楽にならんから、皆、不満タラタラや。それなのに御曹司は京都・北白川《きたしらかわ》に『餃子御殿』や『王将御殿』と呼ばれる四億円だか五億円だかかけた豪邸を建てたんで、皆『ふざけるな』とキレてもうたわけや」

そして、クーデターを起こした結果、大東氏が膨れ上がっていた不良債権などに大ナタを振るい、就任二年で黒字化に成功。一四年三月期で約七百六十二億円と過去最高の売上高を更新し続け、店舗数六百八十店、従業員二千人余まで伸ばすなど、大東氏の経営手腕は「外食不況下にあって数少ない勝ち組の一人」（業界関係者）と高く評されるに至ったことは、前述した通りである。

だが、多数を占める一般社員たちからすれば、「元の古臭い精神論が支配する『王将』に戻ってしまっただけ」であり、大いに不満が残った。業界のルールやセオリー

ちの反感を買い、

に反した「王将」のやり方に眉《まゆ》を顰《ひそ》め、その行く末を固唾《かたず》を呑《の》んで見守っていた業界関係者からもやっかみが半分混じった〝さらなる反発〟を持たれた。

そして、会社の内紛に付け込んで甘い汁を吸おうと待ち構えていた闇社会の住人たちの反感を買い、いつの間にか狙われていたのではないかと見る捜査員もいる。

実は、私が「王将」をブラック企業と見なしたのには、従業員らの劣悪な労働環境のほかにもう一つ、大きな理由があった。

過重労働や厳しい売上目標、〝地獄の新入社員研修〟など、確かに「王将」の労働環境はとても快適とは言えないが、もっと劣悪な企業はほかにいくらでもあるし、「この程度のことで社長が恨まれ殺害されていたら、国内企業の経営者たちの命が幾らあっても足りないことになる」（捜査員）だろう。そして、そんな企業の社長たちが命を狙われたという話は聞いたことがない。「王将」はブラック企業大賞にノミネートされた会社ではあるが、私は別の視点から見て「ブラック企業」と呼んでみた。

それは暴力団を中心とした闇社会の〝魔の手〟が密《ひそ》かに社内に浸透し、それぞれの勢力が内部協力者を擁立。三代目社長の潔氏を「王将」のタブーとされる不動産投資に誘ったり、大東氏の経営合理化策に反旗を翻したり、新規開店を妨害するなど「王将」社内に盛んに揺さぶりをかけ、引っかき回し、混乱させる動きを見せていたからである。

つまり、闇社会に食い込まれた会社という意味で、「ブラック企業」と呼んだのだ。

詳細は第7章に譲るが、大東氏が必死に戦っていたのは、膨大な借金だけでなく、実はそうした不良債権やその他の利権にまとわりつく闇社会の住人たちとも、激しいバトルを繰り広げていたのである。

捜査本部は、大東社長が早朝に一人で出勤して清掃作業をしていることを知っていたのに、会社側が警備員を配したり防犯カメラを設置していなかったことから、誰かに狙われるような差し迫った、具体的なトラブルは表面化していなかったと判断。大東氏自身や会社側が気がつかないうちに恨まれたり、狙われるような問題はなかったかに注目し、大東氏や「王将」周辺を再度、徹底的に捜査し直した。

また、大東氏亡き後の五代目社長人事で、渡辺直人《わたなべなおと》常務が三階級飛び異動で社長に昇格したことへの社内外の反応ぶりを見守っていた捜査本部は、社内に失望感を伴う微妙な動きが見られたことに着目。「王将」役員陣や幹部社員たちの動向を「身辺警護」を理由に密かに行確（行動確認の意味。対象の人物を尾行したり、監視するなどして行動を確認する捜査）するなど、社内の情勢を内偵し続けた。

この人事自体は、渡辺氏の上司に当たる二人の専務が総務と経理担当であったため、営業を熟知し社内外に広い人脈を持つ渡辺氏の就任は、客観的に見て順当と言っていい。

だが、渡辺氏がバリバリの体育会系人間で、大東氏と同様に社員個々の意欲や突進力、従業員の結束力と忠誠心といった精神的な力を重視するタイプであること。創業者の加藤朝雄氏を尊敬し、厳しい「王将」の社風を大切にする人物で、統率力などには定評があることなどから、大東氏が新たに敷き直した「原点回帰」路線を継承するのに最適過ぎる人事であったことへの微《かす》かな動揺があることが分かった。

もちろん、動揺したり反発したからと言って「怪しい」という性質のものではないが、誰が誰と会って、どう動くのかを見極めることが、大東氏殺害の動機を探るうえで重要な手掛かりを得られることに繋がる、と捜査本部は判断したのである。

京都府警は、「王将」社内の経営戦略の違いによる対立は予想以上に深刻で、大東氏殺害の背後には闇社会を絡めた激しい抗争劇があると考えた。そして、経済事件的な要素が強くなってきたことに対応するため、京都府警は捜査本部の班長に捜査二課から経済事件の専門家集団を引き連れて捜査一課に移ってきたエースを据え、事件の背景捜査に全力を挙げるなど、捜査態勢を経済事件にシフトし始めている。

その一つが、大東氏殺害前後の売上高、株価の変動への捜査である。

「王将」では最近、アベノミクスによる円安で食材が高騰し、利益を圧迫し始めたことに加え、廉価製品を求めるユーザーと高級志向のユーザーに二極分化が進む中で、中途半端な存在となってしまい、既存店を中心とした売り上げ不振の傾向を示し始めていた。

その現状を打破し、店舗設計やメニューの見直しなど有効な対策を打ち出そうとした矢先の事件だっただけに、事件発生のタイミングと事件前後の状況を分析することで、事件の背後に潜む犯人の狙いが見えてくるのではないかと考えたのだ。

実際、「王将」が一三年七月に東証一部に移行した際、一部株主に損害を与えて恨みを買い、彼らが投機筋と組んで同社の株価暴落を狙って動いた、との情報が一時、盛んに飛び交っていた。

再三にわたり例として挙げて恐縮であるが、典型的な企業テロ事件とされたグリコ・森永事件でも、「かい人21面相」一味が次々と身代金の受け取りに（最初から奪う気がなかった例も含めて）失敗し、事件は今後、どんな展開になるのかと思われた時、「ビデオセラー」と名乗る謎の仕手集団が事件の被害企業の株を売買して多額の利益を得ていたという疑惑が明らかになっている。

「かい人21面相」が犯行予告する前に森永製菓の株を売るなど〝犯人しか知り得ない事実に基づく行動〟に近い動きを見せており、明らかに不審な面々だったが、今回の事件でもそれに近いような動きがないかと、捜査本部が徹底的に調べ始めたのである。

　また、大東氏が打ち出した改革案が本部主導型ではなく、現場の店長に大幅に権限と責任を委譲した店舗主導型であったこと。しかし、現実には厳しいノルマと重責に潰《つぶ》される店長も多く、「ユニークなメニュー作り」も根本の味付けは「王将」の味を守らされるとか、「利益を従業員と分かち合う」と言いながら、フランチャイズ料などとして相当額のカネを取られるなど、大東イズムが思ったほどは浸透していないことなどから、経営陣と従業員との間の温度差に、事件の芽が潜んでいるのではないかと調べている。

　ところで、捜査本部が「王将」側に再度、事件に繋がりそうな問題・案件がなかったかを確認したところ、ようやく「社長殺害事件にかかわる話とは思えないが、係争中の案件が何件かあった」といった情報提供があったという。

　もっとも、その多くは中華料理店「大阪王将」を経営している大阪市内の会社との店名表示をめぐるトラブルだったり、前述したように長時間労働でうつ病になった男性の訴訟問題などで、大半が既に捜査本部が把握し、捜査してきた問題ばかりであった。

　急激な捜査の進展が見込めないと、捜査本部は意気消沈したが、そんな中で注目を集めたのが、「王将」が全国各地に店舗を進出させる際に起きるトラブルや、それに絡む闇社会からの不当なカネの要求であった。

「あいつら、やりやがったな」

全国各地の繁華街や主要幹線道路沿線などに新しい店舗を次々とオープンしていくやり方は、「王将」が創業者・加藤朝雄社長時代から得意とするものである。瞬く間に百店、二百店……と増やし、今や七百店に迫ろうかという勢いである。

ただ、新規開店と言っても用地を購入して、店舗を建てればいいというものではない。官公庁や保健所などの公的機関はもとより、地元商店街、そして、地元を仕切る有力者や暴力団にも根回しをするなどさまざまな努力・工夫が必要であった。

そうした〝ややこしい調整作業〟をスピーディーにこなし、短期間に新店舗を次々とオープンしていくためには、よほど凄腕《すごうで》で顔の広い人物を仲介役に充てないと、スムーズには運ばないとされている。

「王将」の場合、創業者と同郷の福岡県出身で、古くから親交があった不動産関係会社社長がいて、その人物が長年にわたり、仲介役を果たしていた。

何しろ、その人物は政財界から闇社会まで幅広い人脈を誇り、各地に出店する際の土地買収や権利関係の調整はもとより、地元暴力団を含む関係各方面への根回しや、トラブル処理と八面六臂《はちめんろっぴ》の活躍ぶりを見せていた。

ところが、創業者の加藤朝雄氏が病没し、後を継いだ三代目社長の潔氏が退陣すると、その人物との関係は疎遠になった。それ以降の用地買収やさまざまな権利関係の調整などは大東氏自らが主導し、実際の業務は担当役員や顧問弁護士らが主として行うようになった。

そのため、会社側は「新規出店にかかわる物件については慎重に選定している」と説明しているが、それ以降、トラブル解決に非常に長い時間が掛かったり、調整が難航して新規開店計画が取りやめになりそうになり、進出先の繁華街に不穏な空気が流れたり……と問題が山積し始めたのは事実である。

「先代（朝雄氏）はともかく、大東社長は暴力団との関係はなかったと思う。それゆえ、ややこしい問題を解決する特別な手段などなかったはずで、言わば闇社会の方々には、札束を積み上げるしか対応策はなかったんやないか。大東社長の側近たちは皆知ってて口を噤《つぐ》んどるだけや思うが、事件発生時に社長が持っていた百数十万円のカネは、さまざまなトラブルを即断即決で解決するための資金やったと思うで。そういう姿を見て、闇の方々は大東社長がカネを引っ張り易い人間と判断したんやろ。だが、実際はカネの要求を拒否したんで、狙われたんやないか」（元「王将」関係者）

この「王将」と闇社会との関係については、次章で詳述するとして、本章では捜査本部が特に注目したとされる、一つの事案について見てみよう。

一二年十二月、金沢《かなざわ》市の繁華街・片町《かたまち》にある「王将」金沢片町店（当時）内で、十人の男性客が突然、服を脱ぎ出して全裸になり、店員らの制止を振り切って、カウンター席に座って記念写真を撮るなどして騒いだ。そして、そうした〝乱痴気騒ぎの写真〟をインターネットで公開し、全国のネットユーザーの間で大きな問題となったのである。

この男たちは近くのショーパブに勤めるホストだった。この当時、世間では全裸になったりショーウィンドウに入ったりする〝おバカ画像〟をわざわざ撮影し、ネットに投稿する「お騒がせ事件」が相次いでおり、この事件も同じ類《たぐい》かと思われたが、実は全く違う。

同店はこの騒動がきっかけで、一三年九月に閉店に追い込まれたため、「王将」側は同月、威力業務妨害、公然わいせつ両罪で刑事告訴に踏み切った。

それを受けて石川県警は威力業務妨害の疑いで二人を逮捕し、七人を書類送検した。だが、摘発されたホストらは「店の許可を得ていた」と容疑を頑強に否認し、金沢区検は威力業務妨害罪では不起訴処分としたが、公然わいせつ事件に軽犯罪法違反を適用し、九人を略式起訴した。

県警の調べによると、ショーパブ側が以前から出店計画を進めていた場所に、「王将」が先に進出したため、激怒した経営者らが「王将」に押しかけたのがきっかけだった。

経営者らは同店前で「出ていけ」とか「早く止めてしまえ」と大声を出して騒ぐなど、逆恨みから嫌がらせを繰り返していた、というのである。

しかし、これだけの事件なら、騒動から一年、刑事告訴から三か月も経ってから、「王将」社長を射殺するという事件に発展するかと首を傾げざるを得ないだろう。だが、捜査員が一つ一つ疑問を潰していったところ、別の問題点が浮上してきた。

地元の暴力団組員が打ち明ける。

「ショーパブの元オーナーら幹部数人が半グレ集団『怒羅権《ドラゴン》』のメンバーやったんや。あの六本木《ろっぽんぎ》のクラブ襲撃事件で有名になった半グレ集団『関東連合』と盟友関係にある連中や。メンバーは首都圏中心やが、昔は暴力団と乱闘したり交番を襲撃するなど凶暴な連中が多く、呼びかければすぐ、仲間が百人単位で集まってくるらしいで。それじゃ、相手が悪過ぎるわ。『王将』も店を閉めざるを得んかったわけや」

警視庁の捜査資料によると、「怒羅権」は在日中国残留孤児二、三世の子弟らが一九八七年に作った暴走族グループ「華魂」がルーツとされている。

東京都江戸川《えどがわ》区と江東《こうとう》区の中国残留孤児帰国者用の一時収容施設を根城に、二世ら不良グループが集まり、翌八八年に暴走族「怒羅権」を結成した。

東京都内を中心に首都圏や関西で主に活動し、発足当初は十数人だった構成員も今や、一千人以上に増えているという。「関東連合」と連携して強盗から恐喝、ドラッグ密売まで何でもこなし、最近はIT長者や若手経済人、スポーツ・芸能界などの人脈を活《い》かして経済マフィアに変身し、巧妙な経済犯罪に手を染めているケースが多い。

OBには山口組や住吉会とのパイプを誇る輩《やから》もいるが、最近では中国・東北部のチャイニーズマフィアと組んで、日中両国を股《また》に掛けた国際犯罪に走ったり、新宿歌舞伎町や渋谷《しぶや》、池袋《いけぶくろ》などに縄張りを持ち、暴力団顔負けの激しい抗争事件を繰り広げている。

そのように凶暴な連中では、確かに相手が悪過ぎる。

だが、「王将」側はショーパブの経営者らを相手取って、一三年秋に損害賠償請求訴訟に踏み切った。通常、半グレ集団を相手にして下手に強気な姿勢を示せば、さらなる襲撃を受けるか、もっと激しい嫌がらせを受けるはずで、騒動がより大きくなっていくのであるが、その時はなぜか「怒羅権」側は不気味なほど沈黙を守った。

それから二か月も経たないうちの社長射殺であったのだから、元半グレ集団のメンバーは「あいつら、ついにやりやがったな」と仲間うちで話し合っていたらしい。

このように「王将」金沢片町店の事件では、背後で半グレ集団と思われる組織が暗躍していた実態が明らかになったが、ほかの新店舗開業地では暴力団との直接対決が見られるケースもあった。

もともと暴力団の勢力が強い大阪はじめ関西一円での新店舗進出も大変だったし、初の東京進出で新宿歌舞伎町に乗り込んだ時も大騒動であった。

しかし、そんな中でも捜査本部が特に関心を抱いたのが、改正暴対法と暴排条例の施行後も、暴力団が堂々と活動している九州北部地方であった。

何しろ、暴力団と警察当局・暴力団追放市民団体の間で熾烈《しれつ》な戦いが繰り広げられ、現在でも市街地で銃弾が飛び交っているのだ。

そこは「王将」創業者・加藤朝雄氏の出生地に近いうえ、「王将」を倒産寸前にまで追い込んだ〝元凶〟とされるゴルフ場と、その運営会社が存在している地域でもあった。

そして、大東社長が射殺された翌日、地元の漁協組合長が何者かによって銃弾四発を立て続けに撃ち込まれ、死亡した射殺事件の現場でもあったのだ。

第5章　創業家一族の闇

北九州を揺るがす四発の銃弾

二〇一四年九月十一日、九州の玄関口である福岡県北九州市は、異様な緊張感に包まれていた。

何しろ、街じゅうが警察官だらけ。誰もが拳銃を携行し、中には防弾ジャケットにフルフェイスのヘルメットを身にまとい、ジュラルミン製の楯《たて》を持って立っている機動隊員の姿もあちこちに散見される。しかも、すべての警察官が緊張と高揚でピリピリしているどころか、何やら決死の表情すら浮かべているのである。

暴対法を改正し暴排条例を施行したことで、全国の暴力団が主要な資金源を断たれ、活動を縮小したり水面下に潜り込もうと足掻《あが》いている中で、相変わらず超強気で警察当局との全面対決姿勢を崩していない暴力団・五代目工藤會は、全国で唯一「特定危険指定暴力団」に指定されている武闘派組織である。

福岡県警が同日、そのトップである野村悟《のむらさとる》総裁を逮捕し、ナンバー2の田上不美夫《たのうえふみお》会長を指名手配（二日後の十三日に逮捕）したからだ。

逮捕容疑は何と、十六年前の一九九八年二月十八日に北九州市小倉北区《こくらきた》の路上で起きた脇之浦《わきのうら》漁業協同組合の元組合長、梶原国弘《かじわらくにひろ》さん（当時七十歳）を射殺した事件

（以下、梶原事件と呼ぶ）に関与した疑いがある、というものであった。

この梶原事件では二〇〇二年六月、当時の二代目工藤連合草野《くさの》一家（現・工藤會）の二次団体幹部や下部組織の組長ら計四人が逮捕され、福岡地裁小倉支部が〇六年五月、実行犯と認定した幹部に無期懲役、見届け役の幹部に懲役二十年の実刑判決を言い渡し、一人を無罪として、すべて確定している。

今回逮捕された野村容疑者は当時、工藤連合草野一家の中核団体であった田中《たなか》組組長として梶原事件を指示し、また同組若頭だった田上容疑者は犯行の総括責任者だったと見て調べたが、結局、野村容疑者は罪に問えず、田上容疑者も逮捕したものの処分保留で釈放し、不起訴処分となっていた。

そんな昔の事件の捜査が一四年になって復活したのは、一三年十二月に北九州市若《わか》松《まつ》区の住宅街の路上で、今度は梶原さんの弟で北九州市漁業協同組合の上野忠義《うえのただよし》組合長（同七十歳）が射殺される事件（以下、上野事件と呼ぶ）が発生。その捜査の過程で、梶原事件に組上層部が関与したことを示す新たな証拠を発見したのだという。

上野事件は十二月二十日朝、妻と二人暮らしの上野さんがゴミを出すため自宅から出たところ、何者かが後ろから接近し、拳銃を立て続けに四発発射したもの。上野さんは約二時間後、搬送先の病院で失血死した。

県警によれば、実行犯は上野さん宅を見張り、本人が外に出てきたところを背後から四発発射。胸と左腕に命中させて致命傷を与えた後、近くに停めてあった軽乗用車で逃走、車は約二十分後、現場の西約七キロ離れた空き地で燃やされているのが発見されている。

こうした外形的事実だけを見れば、犯人の特定がなかなか難しいと思える事件だが、北九州市の場合、他の地域とは全く事情が違っていた。

もともと北九州市は「近代ヤクザ発祥の地」と言われ、「政府や警察当局など何するものぞ」という気概を持った若者たちが溢《あふ》れていたという。

明治初期、この地には時の明治政府を近代国家に変身させたエネルギー源の一大拠点・筑豊《ちくほう》炭鉱があり、そこで掘り出された石炭を積み出し港まで運搬する船を操る〝川筋者〟を統率したのが、火野葦平《ひのあしへい》著『花と龍』（岩波現代文庫）で主人公・玉井金五郎《たまいきんごろう》組長の敵役として登場する吉田磯吉《よしだいそきち》親分であった。

彼の子分が神戸市に移り、船からの貨物の積み降ろしに従事する港湾労働者を仕切る組織を設立。これは従来、単なる「博打《ばくち》打ち」でしかなかったヤクザが正業を持ち、近代ヤクザに生まれ変わったことを意味している。そのような時に現れ、やがて港湾荷受人を差配する組織を興したのが山口春吉《はるきち》・山口組初代組長であった、という流れである。

そうしたプライドと地元出身者で固めた結束力が工藤會の信条であり、地元政財界と密着し地元住民と共存共栄を図ってきたとの自負があるだけに、警察といえども、他の勢力には絶対に屈しないという意識が強く定着していると言っていい。

工藤會が他の暴力団や半グレ集団、外国人犯罪組織などを駆逐して、北九州の裏の世界を独占的に支配していることでも、地元意識の強さが窺われる。

福岡県内では二〇〇〇年頃から、北九州市を中心に暴力団に対する挨拶料やみかじめ料など不当な要求を断る企業や飲食店、住民などを襲撃する事件が多発。〇三年には暴力団追放運動のリーダー的存在だった高級クラブに組員が手榴弾《しゅりゅうだん》を投げ込んで十一人が重軽傷を負う事件があった。また、翌〇四年五月には工藤會系組幹部が暴力団排除に取り組む県議宅に発砲、〇八年にはトヨタ自動車九州小倉工場にも手榴弾が投げ込まれ、一〇年三月には暴力団排除運動をしていた自治会役員宅に発砲する事件が起きている。

こうした流れは一〇年四月、福岡県が全国に先駆けて暴排条例を施行するなど、暴力団排除運動に総力を挙げて取り組んでからも、全く変わらなかった。

それどころか、〇九年から一三年までに拳銃発砲や襲撃事件など工藤會絡みの事件が五十件近く発生。一一年二月に建設会社社員が拳銃で撃たれ軽傷を負ったのを皮切りに、同三月に福岡市の九州電力会長宅と西部ガス社長宅に手榴弾の投げ込み、同十一月には北九州市で建設会社会長が拳銃で撃たれ死亡。一二年一月には福岡県中間《なかま》市で建設会社社長が撃たれ重傷、同四月には長らく暴力団を担当してきた元県警警部までが銃撃されて重傷を負うなど、ますますエスカレートしてきた。

警察上層部は「警察に対するあからさまな挑戦だ」と激昂《げきこう》し、工藤會の勢力範囲を管轄下に持つ福岡、山口両県警のほかに、工藤會傘下の組事務所が設置されている警視庁と長崎、千葉両県警、北海道警の六都道県警察からの応援組を加えて、三千八百人態勢の特別捜査本部を設置。一二年に八十人、一三年に八十六人の工藤會系組員を逮捕するなど徹底的な摘発に及んだが、一三年末に上野事件が起きてしまったのだ。

「上野さん自身が九七年に銃撃を受けてます。その時は銃弾が外れて助かったんですが、翌九八年には脇之浦漁協組合長だった兄さんが射殺された。また〇七年にも、自宅や親族宅に数回銃弾が撃ち込まれ、彼の一族は十五年以上にわたり武闘派やくざたちと抗争状態にあったと言えるでしょう。もともと豪胆な人でしたが、よく心が壊れないなと心配していた矢先の射殺事件だけに、何とかならなかったのかと残念でなりません」

そう語るのは地元の事業関係者。こうも言う。

「二十年前に始まった北九州市の港湾施設整備事業をめぐり、多大な利権を獲得しようとする工藤會の要求を、漁協組合長だった兄弟が拒んだことへの報復でしょう。響《ひびき》灘《なだ》を中心に石油備蓄基地やゴミ処理場、コンテナターミナルの建設に膨大な予算が投入され、彼らからすれば、美味《おい》しい獲物に映ったはずです。上野さんは気性の荒い漁師たちを束ね、各人への補償金配分、工事の割り振りなどの仕事をしてましたから、工藤會も息がかかった会社をねじ込もうとしたり、補償金のおこぼれに与《あず》かれないかと必死でしたね」

梶原氏の死から数年で弟の上野氏が「まとめ役」を買って出て射殺され、今度は梶原氏の息子が名乗りを上げたものの、結局は断念せざるを得なかった。なぜなら、一四年五月には梶原氏の孫の歯科医（二十九歳）が暴力団組員と見られる男に足などを刺されて重傷を負ったほか、七月には上野氏の親族が経営する会社に勤める女性（四十八歳）も身体を刺される被害に遭ったからだ。

福岡県警も上野氏の身辺については警戒を強めていたが、暗殺者はその隙を突いて、まんまと襲撃に成功しており、面目丸潰《まるつぶ》れの県警が工藤會トップとナンバー2の逮捕に踏み切ったと見られる。だが、工藤會の情報統制力と証拠隠滅能力は群を抜いており、これまでの一連の事件同様、きちんと立証できずに釈放し、未解決事件に終わる可能性が高い。

何しろ、実行犯の存在が全く浮上しなかったり、仮に容疑者らしき人物を捕まえても、一二年に中間市で起きた建設会社社長銃撃事件のように、現場に残された薬莢《やっきょう》に犯人の指紋が付着していることが後から分かったといった警察側のズサンな証拠収集が祟《たた》って、無罪になるケースが多かったからである。

そうした中で、上野事件を捜査する過程で梶原事件の公判資料を精査していたところ、工藤會系組員の証言の中に野村総裁が犯行を指示したことを示す内容が含まれていたというから、思わず「大丈夫か」と首を傾げてしまうのも無理はない。福岡県警は果たして、二人の最高幹部を殺人罪で起訴し、実刑判決に持ち込めるのだろうか。

創業者や御曹司が頼った人物

《敵対する者は、必ず殺す》
《警察とも徹底的に戦う》
これが、現在の工藤會の活動方針である。
この活動方針に対する警察側の対応も素早く、かつ大がかりだった。一二年に施行された改正暴対法は、俗に「九州対策」と呼ばれるほど工藤會の活動を意識して作られた内容になっていたし、それが施行されたきっかけが、「あらゆる法令、手段を駆使して工藤會殲滅《せんめつ》に向けて尽力せよ」という当時の安藤隆春《あんどうたかはる》・警察庁長官の決意表明にあったことは、暴力団撲滅に全精力を費やしている警察当局の中でも知らない者はない話である。

こうした一連の警察対暴力団の激突を遠く離れた関西から注意深く見守っていたのが、京都府警の王将事件捜査本部の捜査員たちであった。

比較的早い段階から、実行犯として中国人ヒットマンの可能性が示唆されていたこともあり、捜査本部やその周辺には、暴力団や半グレ集団、外国人犯罪組織を担当する組織犯罪対策部門や公安警察の面々も加わっていた。そうした中で、工藤會の動向、特に上野事件に関心を持つ捜査員が現れたのだ。

もちろん、上野事件が王将事件の翌日に発生し、しかも、掃除やごみ捨てといった同じような早朝の日課を狙って行われたことや、頭部を狙わずに拳銃を四発連射している手口などの共通点を挙げて、同一犯の仕業などと言うつもりではない。

まず、京都府警の捜査員が関心を抱いたのは、工藤會が持つ独特の存在感であった。

工藤會は北九州市に拠点を置く九州最大規模の暴力団で、一三年末現在の構成員は約五百六十人。組の拠点がある福岡、山口両県公安委員会は一二年十二月、全国で唯一の特定危険指定暴力団に指定したし、米財務省は一四年七月、工藤會を「最も凶暴な暴力団」と判断し、同会と最高幹部二人の在米資産を凍結して、米国人との経済取引を禁止する措置を取ったほどである。

警察庁や福岡県警の捜査資料によると、工藤會は一九四九年に工藤組として結成され、市から委託された競輪場の警備を柱に急成長を遂げた。しかし、六三年に小倉、門司《もじ》など五市が合併して北九州市が誕生すると、その巨大な経済圏を狙って山口組が進出を始め、工藤組との間に数多くの激しい抗争事件が勃発《ぼっぱつ》した。

その抗争事件の一つで懲役十年の判決を受けた工藤組若頭が工藤組脱退と自分が率いていた草野組解散を表明したため、裏切り行為と見なされ、七七年に出所後は山口組の傘下に入って草野一家を創設した。そのため双方で襲撃を繰り返す〝骨肉の争い〟を展開し、八一年には銃撃戦の末に双方のナンバー2が死亡する抗争事件に発展した。

このままでは双方共倒れという事態を迎えた時、稲川聖城《いながわせいじょう》・稲川会会長（当時）の仲裁で手打ちを行い、八七年には両組織が合併して工藤連合草野一家が発足するなど、九州最大級の独立団体として再スタートを切った。

その後は旧工藤組、旧草野一家の両系統から交互に組織のトップに就任するなど、かつて殺し合った団体同士だけに一時はどうなるかと思われたが、より結束力が高まったという感じさえ窺われ、現在に至っているという。

つまり、構成員が固い結束力を誇り、一度決めたら誰が何と言おうと徹底的に実行する組織と言っていいだろう。

さらに、上野事件の犯行動機は北九州市若松区に面する響灘の港湾整備事業に絡む利権争奪戦と見られるが、それにしても工藤會と梶原・上野兄弟の対決は二十年以上の長きにわたっており、そこに強い執念と深い恨みが感じられると指摘する関係者が多い。

「響灘埋め立て事業は数百億円規模で、ゼネコンが提示した漁業補償だけで数十億円に上る巨大なものだったのは確かだ。その交渉の中心人物があの兄弟だったが、彼らは関連の港湾土木事業にも手を伸ばし、一族が経営する会社が土木や砂利運搬などの利権を独占していると専らの評判だった。それを妬《ねた》んだり何とか港湾利権にありつきたいと考えた企業が、同様に不満を抱いていた工藤會と組み、一族の内部事情に詳しい者を巻き込んで起こしたのが、一連の銃撃・殺人事件ではないかと見ているんだ」

そう明かすのは東京の公安関係者。こうも言う。

「大東社長射殺事件は今や、暴力団など闇社会が『王将』が持つ資産や利権を狙った経済事件であるとの認識で捜査本部も公安当局も、そして警察庁も一致している。未《いま》だ犯人を特定していないものの、『王将』を狙った連中の執念は凄《すさ》まじいものがあるし、それを大東社長に拒まれたことへの恨みも深い。巨大利権を狙って、不満を抱く経済人と暴力団が組むという犯罪の構図や犯人像は、工藤會の事件とダブるものがある。そこで具体的な共通点がないか調べていたら、何と、こんな話が出てきたんだ」

その話とはいったい、何か。

福岡県は「王将」にとって、極めて重要な場所である。

福岡市内に「王将」の店舗がオープンしたのは八〇年で、その後、県内に店舗網を広げるとともに、同市東区に「セントラルキッチン」と呼ばれる巨大工場を設立。餃子の餡や皮、麺類《めんるい》などを中心に、その工場から「王将」独自の食材が各店舗に向けて次々と直送されていく。福岡県こそが「王将」九州進出戦略の一大拠点となったのである。

京都市からスタートを切った「王将」チェーンは関西でどんどん発展した後、七八年に東京、翌七九年に名古屋進出を成功させ、ついに九州の地に足を踏み入れたのだ。その後に全国で七百店舗近くが営業するようになっても、東北・北海道地方といった北国方面の出店攻勢は苦戦が続いていたようだが、九州地方は瞬く間に各地に支店網が広がるなど大発展を遂げており、その物心両面の拠点が福岡県であった。

「王将」が福岡県に力を注いだのは、そんなビジネス面の理由からだけではなかった。何と言っても、「王将」創業者・加藤朝雄氏の出身地が福岡県飯塚市であり、加藤氏の〝懐刀〟として新店舗を全国展開させる際、用地買収や関係各界への根回しといった水面下での交渉を進めるなど尽力してきた前出の人物も、福岡県出身であったからだ。

その意味で、福岡は「王将」発展の源流と言っていいのかも知れない。

それだけに「王将」側の力の入れようは尋常ではなかったし、それを迎え撃つ形となった各地の繁華街や飲食店業界も極度の緊張状態に包まれた。

特に凄まじいまでの圧力を「王将」側にかけたのが、北九州地区であった。八〇年代の北九州市は、現在の工藤會を構成する二大勢力だった工藤組系組織と草野組系組織が熾烈な対立抗争事件を起こしており、九州屈指の激戦地であった。そのうえ、山口組の九州侵攻作戦で北九州市内に組事務所ができるなど、夜のネオン街では連日、銃弾が飛び交い、多数の死傷者が出るなど厳戒態勢に置かれていた。八七年に双方で手打ちが成立し、工藤連合草野一家が誕生した後は、今度は北九州市から他の組織を駆逐して縄張りの独占を図ったため、「王将」の北九州進出も難航した。


ここで登場するのが「王将」創業者時代から〝懐刀〟として、主に水面下で暗躍してきた前出の人物である。仮にU氏と呼ぶことにしよう。

U氏は「王将」創業者・加藤朝雄氏と同じ福岡県出身で、京都市内で不動産関係会社・K社を経営している。

K社はバブル経済全盛期に、旧住宅金融専門会社（住専）の大手「総合住金」から百三十二億円の融資を受け、完全に焦げつかせたことで知られる会社だ。「総合住金」多額貸出先の第四位にランクされ、一時は「問題企業」として金融業界からマークされていた。さらに、京都・闇社会の「フィクサー」とも「スポンサー」とも言われた山段芳春《さんだんよしはる》会長（九九年三月に死亡）率いるノンバンク「キョート・ファイナンス」からも二百数十億円を借り入れ、これも焦げつかせたという不動産業界では〝曰《いわ》く付きの人物〟である。

何しろ、その人脈ときたら、戦後最大の経済犯罪である住銀・イトマン事件の主犯として知られる許永中《きょえいちゅう》・元被告（韓国移送後に仮釈放）はじめ、山口組や会津小鉄《あいづこてつ》など暴力団幹部や、その系列の企業舎弟、政治団体代表ら多彩で、そうした闇社会との交流を活かして、さまざまなアンダーグラウンドの仕事を請け負い、やり遂げてきた人間なのだ。

U氏はもともとは、京都市に拠点を置く同和系団体の中心的人物（故人）の実弟という立場だった。そして、山口組三代目の田岡一雄《たおかかずお》組長が亡くなった後、その遺志を継いで美空《みそら》ひばりをはじめ大物歌手や芸能人の「タニマチ」として応援してきたことでも知られている。

八〇年代から九〇年代にかけて、世の中はちょうどバブル経済が全盛期を迎え、そしてそれらが崩壊していく激動とも言える過渡期に当たっていた。

闇社会でも同時期、経済ヤクザが幅を利かせ、形の上で暴力団と一線を画す経営形態を装ったフロント企業（企業舎弟）や事件師たちを駆使して、カネ余りの金融機関から土地や株を担保に、実際の担保価値の数倍から十倍もの資金を引き出して、地上げや仕手戦などに次々と投入。カネがカネを生む悪循環を創り出し、想像を絶するほど巨額な利益を上げていった。

そして、バブル経済が崩壊し、金融機関が政府・金融当局の後押しを受け、警察・司法当局の手を借りながら不良債権回収に乗り出すと、闇社会は猛然と反発を強め、対抗手段を講じ始めた。

最初は、貸し渋りや債権処理を積極的に進めようとする金融機関を恫喝《どうかつ》していたが、そのうちに、彼らが到達した最終手段が殺人や拉致・監禁、傷害、放火、恐喝など凶悪犯罪も辞さないという企業テロであった。

九三年八月の阪和銀行副頭取射殺、九四年二月の富士写真フィルム（現・富士フイルムホールディングス）専務刺殺、同年九月の住友銀行名古屋支店長射殺事件……など、有名企業の幹部が殺害される事件が続発した。それ以外でも住友不動産や住友商事などの住友グループを中心とした会社や企業トップ・役員宅への銃弾撃ち込み、放火、火炎瓶投げ込み事件などが相次いだ。

これらは闇社会との決別を決断し、不良債権の回収など実際に業務に携わった者が狙われることが多く、誰がやらせたのかがすぐに分かりそうな犯行も多かったのにもかかわらず、そのほとんどが未解決のまま時効を迎えている。

「王将」のカリスマ創業者が病没し、その御曹司が後を継いで三代目社長の座に就いたのは、バブル経済の崩壊などで、世の中がまさに激動の時を迎え、大きく揺れ動いていた九四年のことであった。

創業者が敷いた道を継承していこうが、新たに改革の道を探ろうが、御曹司が真面目に経営に取り組もうとすればするほど、先代（朝雄氏）が〝懐刀〟として頼りにしていた大物フィクサーに擦り寄り、その力を借りるしか手がなかった。それはある意味、止むを得ないことであったと言うしかないだろう。

「王将」を創業し、ここまで発展を遂げた加藤氏一族も、結局はその道を辿り、そして、墓穴を掘っていったのである。

火事で深まった腐れ縁

そもそもU氏と「王将」が深くかかわるようになった一つの転機は、年号が昭和から平成に変わる一九八九年、大阪・ミナミの「王将」戎橋《えびすばし》店で発生した火災であった。既にそれまでに〝よろず困り事相談〟役を務めていたU氏であったが、この火災をきっかけに「頼りになるフィクサー」として本格的に活動し始めたのである。

同年二月十六日午前五時四十五分頃、大阪市中央区難波《なんば》一丁目の鉄筋コンクリート六階建てビル一階にあった「王将」戎橋店の調理場付近から出火。火と煙はダクトを通じて最上階の六階まで燃え広がり、同ビル延べ約三百六十平方メートルのうち約百六十平方メートルを半焼した。この火事で同ビルの六階に住んでいたビル所有者の両親（当時、父親が七十四歳、母親が六十七歳）と、「王将」の従業員（同三十六歳）の三人が煙に巻かれて逃げ遅れ、死体で見つかった。

この建物は大阪・ミナミの繁華街にある狭い雑居ビルで、一階から四階まで「王将」の店舗が入り、五階は食材などの仕込み場として使い、六階が老夫婦の自宅となっていた。店は終夜営業中で、店内には客もいたが、逃げ出して無事だった。

亡くなった老夫婦の夫は、中国・山東《さんとう》省出身の華僑《かきょう》。戦前に来日し、いろいろと苦労を重ねた末に終戦後、現在地に中華料理店を開業し、八四年九月に病気で倒れて店を畳むまで三十年以上経営していた華僑の有力者だった。ビルの所有権は長男に譲り、その息子が経営する不動産会社の名義になっているが、この夫婦が実質的にビルのオーナーだった。そして、同ビルは当時、大阪への進出を本格化させていた「王将」が一階から五階までを借り切って入居し、華々しく戎橋店をオープン。連日連夜、買い物客や酔客などが押しかけ、なかなか盛況だったという。

この華僑夫妻は、大阪在住の同郷者約四百人で作る大阪山東協会の有力幹部でもあったため、ビルの前には同協会会長らが続々と詰めかけた。

そうした面々の強力な後押しもあって、「王将」と遺族との賠償交渉は難航し、九一年二月にはとうとう法廷の場に持ち込まれた。

だが、いくら有力な弁護士を立てて裁判に臨んでも、この争いは容易に解決には至らなかった。ビルの所在地が大阪・ミナミの繁華街にあったことが影響して、華僑仲間はもとより、頼んでもいない地元の暴力団や右翼団体などが両者の周辺に姿を現し、さまざまなことを言い出したために余計に話がややこしくなり、交渉が進まなくなったのだ。

その時、「王将」側の交渉代理人の一人として登場したのがU氏であった。

「王将」創業者・加藤朝雄氏と同じ福岡県出身で古くから親交があるうえ、朝雄氏がアジア諸国からの留学生に奨学援助する目的で設立した「加藤朝雄国際奨学財団」の理事としても、〇二年まで名を連ねていたほど信頼が厚かった。

また、U氏は政財界から闇社会まで人脈があり、「王将」が各地に出店する際の土地確保や権利関係の交渉、近隣・各界との調整に尽力してきたことは、既に述べた通りだ。

その意味で、彼が本領を発揮する時がやって来たと言えるし、実際に闇社会に顔が利く大物としてそれら外部勢力を一つずつ排除し、紛争点を絞るなど整理にかかった。「甘い蜜《みつ》に群がるアリの如く、『王将』はカネになるとばかりに有象無象がその周りに押し寄せ、まさに〝裸の王様ならぬ裸の王将〟に成りかけとったんやが、恐ろしいモンで、U社長の登場でそうした動きがピタッと止まったんや」（関西のヤミ金融業者）

この争いは結局、火災から八年経った九七年三月、大阪高裁の調停で和解が成立した。

その主な内容は、①「王将」側が同ビルを所有していた会社（代表取締役はオーナー夫妻の息子）に対し、焼失による損害補償金一億千七百万円余を支払う。②「王将」が死亡した華僑夫妻の慰謝料等約三千七百万円余を息子に支払う。③焼け残った同ビルの跡地を「王将」側が八億五千八百万円余で購入するというもので、U氏が仲介に入ったことで果たして、「王将」側に有利に働いたと言えるか否か微妙な結末となった。

しかし、現実的に「王将」にとって不利にはなっていなかった。

「大阪・ミナミは当時、山口組系をはじめヤクザの事務所が割拠してて、そこにフロント（企業舎弟）や地上げ屋、事件師、在日の中国・韓国人グループなどが入り乱れ、収拾がつかない状況になっとった。それを整理し話をつけて手を引かせる仕事は、裁判所なんかじゃできん話やから、『王将』側は大いに助かったはずや。その年の夏、山口組ナンバー2の宅見勝若頭が暗殺され、裏（の世界）も混乱しとる。交渉がさらに半年以上長引いていたら、抑えが利かなくなった連中が続々としゃしゃり出て来て収拾がつかず、とても解決には至らなかったやろう。間一髪で助かったと言ってええわ」

と語るのは関西の暴力団関係者。さらに、こう続ける。

「それにこの店だけの問題やなく、その後の大阪の繁華街への進出をスムーズに行かせる布石も打っといたんやから安いもんや。何せ、Uさんも一億円の成功報酬（仲介料）得とるんやから、そりゃ、半端な仕事はできん。各方面にきちっと手を打ったに決まっとるし、この仕事を通じて不動の地位を築いたと言っていいやろ」

問題はむしろ、そのU氏への成功報酬一億円の捻出《ねんしゅつ》方法であった。

和解から二年後の九九年夏、「王将」の脱税疑惑が明るみに出た。

大阪国税局による税務調査を受けた「王将」は、九八年三月までの三年間に約一億七千万円の申告漏れがあったことを指摘され、約八千万円の追徴課税処分を受けた。特にこのうち約一億三千万円は「悪質な所得隠し」とみなされ、重加算税の対象となったのだ。

その「悪質な所得隠し」の中の一億円が、U氏への謝礼（成功報酬）であった。

つまり、焼け残ったビルの跡地購入代金約八億五千八百万円余の中にＵ氏への謝礼を含む約一億三千万円を潜り込ませ、経費として計上していたことが「所得隠し」と認定されたのである。

「王将」側はこうした事案では常套句《じょうとうく》とも言える「国税局と見解の相違があったが、指摘には従って既に納付した」とコメントし、事実上、所得隠しを認めた。

ここで一つ押さえておきたい事実がある。

Ｕ氏はそうしたビジネス上のトラブル処理に活躍したが、その一方で私有財産の保全・処理から醜聞潰しまで加藤家個人の問題解決にも深くかかわってきたことである。これは後に重要なポイントとして登場してくるので、覚えておいて頂きたい。

それともう一つは、Ｕ氏の実兄が京都市にある同和系団体の中心的人物であったという事実である。

食品・製菓業界の場合、一般的に取引業者や下請業者の中に、同和系団体が絡んでくるケースがあり、取引上のトラブル処理で、同じ交渉テーブルに着くことも多い。我が国最大の企業テロ事件であるグリコ・森永事件では、江崎グリコの下請業者の周辺にいた同和関係者のグループが重要参考人として浮上。そこに元暴力団組長や事件師らが絡んで、「かい人21面相」一味ではないかとの疑いが強くなり、捜査本部が徹底して捜査を行った事実がある。

その時に名前がチラついた同和関係者に連なるメンバーの一人が、王将事件の周辺にも登場し、そのことが捜査本部内に、経済・知能犯罪のプロである捜査二課や、暴力団や事件師グループを担当する組織犯罪対策部、そして公安警察まで投入される大きな理由となっていたのだ。

この辺りの事情は第7章で報告するが、「王将」がU氏を頼っていたのは、そうした微妙な問題の処理・対策を踏まえてのことと言っていいだろう。

ゴルフ場に異常融資した理由

さて、この火事騒動とその後の紛争処理ばかりに注目していると、重要な動向・変化を見落としてしまうので注意が必要だ。非常に分かりにくい水面下の動きである。

実は、この脱税騒動が表面化し、U氏の存在がクローズアップされる前の出来事であるが、「王将」と、「王将」が一〇〇パーセント出資している子会社の「キングランド」(〇五年に解散)が極めて不可解な動きを見せていたことが分かった。

結論から言えば、「王将」が「キングランド」に設備投資金として約百三億八千万円を貸し付けたのだが、「王将」の子会社が短期間にそれほど巨額の資金を有する事業を行うはずがないと思ったら、案の定、「キングランド」は約十六億円の設備投資金を差し引いた残り約八十七億八千万円を別の会社に融資していたのだ。

これは「王将」が子会社を経由して第三者に投資した、つまりは他社へのトンネル融資にほかならず、その当時は極秘中の極秘事項であった。

その時、「王将」が多額の資金を貸し付けた相手が、U氏が経営する不動産関係会社・K社であり、貸付金のほとんどが焦げついていたことが、後に大東氏が四代目社長として不良債権に〝大ナタ〟を振るった時に判明する。

前述したように、このU氏の経営するK社が旧住専やノンバンクから多額の融資を受けながら焦げつかせ、事実上破綻《はたん》状態になりつつあったことは、いくら本業の中華料理店の経営しか考えていない「王将」でも、薄々とは分かっていたはずだ。よしんば分からなかったとしても、一時に九十億円近い資金を融資するのであれば、少しは調べたり考えたりするのは当然だろう。

自社の新規開店事業にかかわる謝礼を少々多めに支払ったぐらいなら、十分にあり得る話だろうが、ケタが違いすぎる異常な融資である。

いったい、何があったのか。

当然、こうした不可解なカネの流れに注目した捜査本部が、後にU氏やK社周辺を調べたところ、この不可解な動きとほぼ同じ時期に、福岡県のゴルフ場をめぐって

〝おかしな商取引〟が行われていたことが分かった。

九〇年五月、福岡県甘木市《あまぎ》（現・朝倉市《あさくら》）にオープンしたゴルフ場は建設費が三百億円は下るまいという超豪華なコースで、バブル経済の余韻があったとはいえ会員権も個人会員が三千万円、法人会員が六千万円、募集正会員一千人（最終的に九百五十人）というド派手なゴルフ場であった。

運営しているのは、福岡市のK社が所有するビルに本社を構える「福岡センチュリーゴルフクラブ」で、代表取締役はもちろん、U氏であった。

同社が発行したパンフレットを見ると、理事会のメンバーは地元福岡や京都をはじめ、東京、大阪など各地の著名企業の代表取締役クラスばかりで、京都・闇社会の「ドン」と言われ、日頃は表舞台には登場しない山段芳春・キョート・ファイナンス会長まで名を連ねていたことに衝撃を受けた面々も多かったようである。

ゴルフ場の不動産登記簿謄本などによれば、そのキョート・ファイナンスなどのノンバンクや総合住金など旧住専、信託銀行、信用組合などに混じって、工事を請け負った土木建設会社まで百八十億円もの根抵当権を設定。抵当権などから推定する融資額は合計で三百七十億円を優に超過していると見られ、相当に無理な金策をして完成させたゴルフ場であることがよく分かる。

それでもバブル景気が続いていれば良かったのだが、バブル崩壊で不景気となり、企業の接待ゴルフが激減し、さらにはビジター料金が割高であったことも災いし、案の定、忽《たちま》ち経営不振に陥ってしまった。

ところで、そのゴルフ場運営会社が入っているビルはＫ社が八七年に買収したものであるが、三年後には旧住専の総合住金が融資のカタに極度額九十億円の担保物件に設定しており、Ｋ社は借金を全く返済できず、焦げつきの不良債権と化していた。

その不良債権を九六年十月に引き継いだ住宅金融債権管理機構が、翌九七年九月に競売にかけたところ、半年以上かかってようやく落札者が現れた。

それが何と、「王将」の子会社「キングランド」であり、九八年四月に所有権が「キングランド」に移転している。

しかも、捜査本部が不動産登記簿謄本や、それに添付された信託原簿を調べたところ、「キングランド」は「受託者」、Ｋ社が「委託者」、「王将」三代目社長・加藤潔氏の弟の加藤欣吾《きんご》専務取締役個人が「受益者」と記載されていることが分かった。

その信託条項によれば、「受託者」は信託されたすべての財産を管理し、「受益者」のために売却したり、金銭を借り入れる際の担保物件として設定できるとなっている。

ところが、所有者がキングランドに移転直後の九八年五月に信託条項が《受託者や受益者の申し出があった時に限り、受託者の承諾を得て、内容を変更できる》と変更された。これは受託者の意向でどうにでも変えられるということで、現に「受益者」

がK社に変更され、不動産登記簿謄本でも、六月には受託財産を引き継いだという形でビルの所有者がK社になっているのだ。

つまり、多額の借金が返せず、担保物件として旧住専に差し押さえられ、競売にかけられたビルを、「王将」の子会社「キングランド」を使って買い取らせ、信託という方法を利用して、元の所有者に戻したというインチキが堂々と行われたのである。「王将」が「キングランド」に貸し付けた形になっている八十七億八千万円は、実は、K社がゴルフ場運営会社のビルを買い戻す資金になっていたわけだ。

それにしても、「王将」は、いや「王将」創業者である加藤一族はなぜ、U氏のためにそこまでしてやらなければならないのだろうか。

たとえ新規開店時の用地買収などでいろいろと世話になっているとしても、少なくとも九十億円近い融資はやり過ぎではないか。それも不動産登記簿謄本を精査する限り、「王将」側はろくに担保設定さえしていないのだ。

バブル経済はとうに崩壊し、ゴルフ場経営に危険信号が灯《とも》ってから久しい。いくら創業家のボンボン社長でも、ゴルフ場経営が既に将来展望など見込めないことぐらいは知っているだろう。それでも構わず、自分の会社を潰すかも知れないほどのカネを融資することは、創業家の御曹司社長であっても、下手をすれば特別背任罪に問われかねない経済行為であろう。

い。

「王将」はU氏に何かよほどの弱みでも握られているのか。それとも、自社の財産を投げうってでも助けなければならない恩義でもあるのか。世間知らずとか、口車に乗せられたといった言葉では説明できないような、全く不可解な行動と言わざるを得ない。

「王将」のカリスマ創業者・加藤朝雄氏は長男の潔氏に帝王学を授け、次男の欣吾氏に経理を学ばせ、兄弟の力を結集して「王将」を発展させようとしたが、苦労知らずの御曹司たちはバブル経済末期、危ない不動産投資に資金をつぎ込み、破綻寸前に追い込まれた。

特にこのゴルフ場運営会社への過剰融資が原因で潔氏は三代目社長の座を追われ、欣吾専務も過剰融資の責任を取って経営陣から退いている。このままではU氏の食い物にされるだけだと危機感を抱いた外部株主や古参幹部が疑惑融資の公表に踏み切り、京都市内に四億円余の豪邸を建設するなど全く反省の色を見せず、危機感のかけらもない潔氏に〝詰め腹〟を切らせたのだ。

代わって社長に就任し、これら過剰融資問題の解決に辣腕《らつわん》を振るったのが大東氏であった。余りに徹底的に不良債権を処理したため、大東氏と加藤家の間にしこりや溝ができ、その後は必ずしも良好な関係になれなかったことは事実であろう。

また、大東氏が三代目社長の示した経営方針や営業活動を悉く《ことごと》否定したうえ、自らの経営合理化案が成果を挙げたことで加藤一族の復帰の道が遠のいたことは間違いない。

そのために潔氏やその息子の貴司《たかし》氏ら加藤家の親族たちが大東氏を恨んでいたのではないかとの情報が、聞き込み捜査で明らかになっている。

そこに今回の王将事件の謎を解く鍵が潜んでいるのではないか。そう考えた捜査本部は関西圏だけでなく、東京、そして福岡へと捜査員を派遣した。

京都と福岡を結ぶ点と線

福岡で明らかになった事実は、U氏が多額の融資を受けた担保として「キングランド」に提示した物件が、いずれも二束三文の価値しかなかったことであった。

仮にそれらを売却するなどしても実質的に融資額の二割も回収できず、極めて甘い融資条件であったことは明白だった。そして、トンネル融資に利用された子会社「キングランド」の当時の代表取締役社長は大東氏で、仮に名前を使われただけだったとしても、異常な融資が行われていたことを全く知らなかったはずはないことも分かった。

U氏は捜査本部の事情聴取に対し、「今の経営陣とは全く交流がなく、事件当日は福岡県にいた」と述べて、大東社長射殺事件との関与を完全に否定した。当然、U氏の証言内容はすべて裏付け捜査が行われ、それが概《おおむ》ね間違っていなかったことが確認された。が、この事件は犯行動機を持つ黒幕的主犯と実行犯が別人の可能性が高いため、捜査員たちはU氏やK社、ゴルフ場運営会社の周辺を徹底的に洗い出している。

そうした捜査で注目を集めたのは、K社が「王将」から資金提供を受け、ゴルフ場運営会社が入ったビルを取り戻した途端、同ビルを関連会社「センチュリーグリーン」社に転売。「グリーン」社は直ちに同ビルを担保に、地元の福岡銀行から極度額二十五億円の融資を受けていたことである。

そのため、捜査員たちの間で一時、「U氏はゴルフ場経営に未練があって、必死に金策しとるのかと思ったら、単にカネに詰まって、借金返済のため借金するという悪循環の中で生きていただけなのではないか」との見方が生じていたのは事実だ。

ただ、捜査が進むに連れて、このゴルフ場を乗っ取ろうとする勢力があることが分かってきた。その連中は、このゴルフ場が一一年六月に民事再生法を申請し、新しいスポンサーを探している動きを察知するや、そうした動きを妨害したり、弱みに付け込んで資金を投入し買収しようとしたり、さまざまな形でU氏に対抗してきているという。

U氏はそうした動きに反撃するために多額の資金を必要とした側面もある。

捜査本部は、その勢力の中心人物が山口組六代目組長の出身母体組織・弘道会に連なる武闘派組織の傘下で活躍する企業舎弟であることを突き止めた。

この企業舎弟は中国相手のビジネスに強く、中国共産党幹部やチャイニーズマフィア、中国人ヒットマン組織とも繋がっていると見られている。この企業舎弟については、第7章で徹底的に追及してみたい。

また、その企業舎弟が属する弘道会系武闘派組織の一派は、同じ系列の別組織が既に牛耳っている京都の土木利権を狙って殴り込みを仕掛けており、その内紛の余波が「王将」に飛び火して、大東氏は巻き込まれたのではないかとの見方が出たほどだ。

「その武闘派組織はかつて自前のヒットマン部隊を養成し、企業の役員襲撃などに派遣していた時期があるから、疑われても仕方ないんや。今回の事件でも先代（加藤朝雄氏）や大東社長の周囲を探っていけば、その組織に繋がる面々の名前が出てくることもある。各地の『王将』出店に関しては何回か大揉《も》めしていたことがあったし、『王将』が一部上場した時に株主への便宜を怠ったから大損害を被ったと怒っていた外部株主がいたとも記憶しとる。この武闘派組織は九州の工藤會と並んで、警察を恐れんし、何でも来いという連中やから、どこで何が起きるか分からない怖さがあるんや」（関西の指定暴力団幹部）

その捜査過程で注目を集めたのは、U氏の周辺にいる政界人脈であった。

U氏の幅広い人脈の中には、政権中枢に連なる大物代議士や、野党の党首経験者で政界再編の鍵を握ると言われているベテラン衆議院議員などがいた。

特に捜査本部が関心を示したのは、関西を拠点とする大物政治家で、その周辺には暴力団関係者や右翼団体代表、怪しげなNPO法人活動家の影がチラついており、その顔ぶれの中には捜査当局が作成した王将事件をめぐる相関図に登場する者もいた。ただ、本人の容疑性が強いというより、何か詳しい事情を知っている可能性が高いと見て、参考人聴取する寸前の段階まで来ていたが、警察庁からストップがかかったという。

それが「上司が捜査に横やりを入れてきた」（京都府警のベテラン刑事）ほどの捜査対象者であり、前述した「官邸が捜査の行方を気にしてピリピリしている」（同）と言われる国会議員であった。

そして、その人物こそが「安倍《あべ》政権が最大の懸案事項として掲げている集団的自衛権容認を含む憲法改正問題の行方を左右しかねない政治家」（別の捜査員）であり、だからこそ、「警察庁が『ゆっくり捜査しろ』と指示を出していた」（前出の京都府警のベテラン刑事）というのだ。

そのような国家の行く末を左右する大物政治家が果たして、安易に凶悪犯罪にかかわるだろうか。そんな疑問を抱きながら取材を進めると、その政治家本人ではなく、彼の取り巻きの一人で、別の政治家の元秘書が日頃からあちこちでトラブルを起こしているうえ、暴力団組員や半グレ集団のメンバーとの交流も噂されていたことが分かった。

捜査本部は、この元秘書の言動を密かにマークするなど注視し、内偵捜査を進めていたところ、三代目社長の潔氏と交流があり、その側近を通じて「王将」に対して多額の政治献金を要求するなどしていたことが分かった。しかも、大東社長がその要求をピシャリとはね除《の》けたため、元秘書が激怒していたという事実も浮かんできたのだ。

捜査本部も重大な関心を持ち、この元秘書の身辺捜査に及んだほか、約一か月にわたり行動確認を行った。その結果、大東氏との間で金銭トラブルらしきものがあったことは摑《つか》んだが、殺害するほどの理由が見当たらず、捜査は進展していない。

無言で海外に消えた父子

創業者の一族にまつわる「闇」の部分は、水面下での交渉・仲介役を務めていたU氏に関するもの以外にも、まだ存在する。

大東氏の社長就任は、加藤潔・三代目社長の過剰融資による失脚に起因することは既に述べた。

潔氏は長年連れ添った妻とも離婚し、長男（朝雄氏の孫）の貴司氏は息子（孫）を連れて失踪《しっそう》するなど、一族には何かと問題が多い。

貴司氏は二〇〇三年四月、知人に連れて行かれた兵庫県姫路《ひめじ》市の外国人パブで、ホステスとして働いていた十歳年下のウクライナ人女性、カチェリーナさん（当時二十歳）と知り合い、恋愛関係となった。カチェリーナさんは知人とともにモデルとして来日したのにパブで働かされ、来日二週間で貴司氏と出会ったという。

貴司氏は連日のように、京都から車で通い、閉店後の深夜にデートを重ねた。そして、半年後の十一月七日、ウクライナで結婚式を挙げた。貴司氏の両親は「王将」の後継者候補である嫡男が外国人と結婚することに反対で式には出席せず、日本側からは二人を引き合わせた知人が立会人として出席しただけだった。

翌〇四年には長男のダニエル雄亮《ゆうすけ》君が誕生したが、潔氏は息子を勘当し、結婚を認める条件として二人が「王将」にかかわる資産を頼らずに自立することを挙げたため、二人はカネと家を失い、貧困の日々を送ることになった。

二人は、父親が伝書鳩の小屋として使うため京都山中に所有していた、廃墟《はいきょ》となったラブホテルの一室を改造して生活を始めたが、大方の予想通り、甘やかされて育った貴司氏はあまり働かず、消費期限切れのコンビニ弁当を食べるほど貧しい毎日だったという。

イライラが募った貴司氏は新妻に暴力を振るうようになった。〇四年三月に都内に転居し「王将」のアルバイト店員として働いて収入を得られるようにはなったものの、今度は生来の嫉妬心《しっと》が頭をもたげ、カチェリーナさんに携帯電話さえ持たせず、DV（ドメスティックバイオレンス）は激しさを増すばかりであった。

一度はウクライナに逃げ戻ったカチェリーナさんだが、貴司氏が謝罪し、「二度と暴力は振るわない」と誓いを立てたことを信じて再び来日。いったんはヨリが戻り、第二子を身ごもったものの、再びDVが始まり、エスカレートするようになった。

暴力を振るっては泣いて謝罪し、セックスを強要するという地獄の日々が続いたうえ、「パパは怪獣だ」と母親を庇《かば》う長男にも暴力が及ぶようになったため、出産の準備と称して息子を連れてウクライナに帰国し、二度と来日しなかった。

この二度にわたるカチェリーナさんの出国に対して貴司氏は激怒し、出国を手助けしたカチェリーナさんの友人や近隣住民の家にまで押しかけ、「ヤクザに電話して、お前らを殺すぞ」などと物凄《ものすご》い剣幕で脅したりしている。

それでも慌てた貴司氏はウクライナに飛んでいき泣いて謝罪し、「二度と暴力は振るわない」とか「きちんと働く」「新居を建てる」などいろいろな約束を口にしたが、「全く信用できない」とカチェリーナさんの母親が娘と孫の来日を許さなかった。

そこで〇八年二月、貴司氏は〝仲直り旅行〟と偽って妻子をエジプトに誘い出し、カチェリーナさんも母親の反対を押し切って、旅行に同行した。ところが、エジプトに来て十日目の二月二十四日、カチェリーナさんをスパに行かせた隙を突いて、貴司氏はダニエル君を連れて失踪した。彼女は警察に捜索願を出すとともに知人やホテル関係者らに頼んで行方を捜したところ、失踪した翌日に父子がカイロ発関西国際空港行きの飛行機に搭乗したことが分かった。

そこで京都・北白川の実家に電話をかけると、義母が「貴司が孫を連れて家に来たが、ウチでは孫の面倒を見られないので、すぐに来日して」と話したという。

旅先で現金の持ち合わせのないカチェリーナさんがいったんウクライナに戻って、再度実家に電話したところ、義母は「ダニエルがロシア語しか話せないので世話ができない。それで貴司に『あなたは勘当中の身だし、自立する約束を果たしていないから、この家から出て行って』と言うと、激怒して壁を殴って穴を開け、飛び出していった。これ以上、あなたたちの間に入れないわ」と答えたという。

この当時、義母は女性問題などを理由に潔氏と離婚した直後で、北白川の豪邸にまだ高校生だった貴司氏の弟と妹の三人で暮らしていた。自らのガンの手術も重なり、幼い孫の世話まで見られなかったことは事実で、後にカチェリーナさんが実家を訪ねても門前払いしたという。弟がインターフォン越しに「兄の行動は間違っているが、本当にどこにいるのか分からないんだ」と答えるだけだった。

父子《おやこ》が失踪してから六年が経ち、当時三歳だった愛息も小学校に通っているはずだが、未《いま》だに消息は不明のままだ。

カチェリーナさんは日本で通訳のアルバイトなどをしながら、息子の行方を捜しているが、ダニエル君は〇八年九月二十日にシンガポールに出国した記録が残っているものの、未だ帰国した記録がない。貴司氏の出入国については全く不明だったが、ダニエル君の出国直後、貴司氏のクレジットカードがマレーシア国内で使用された痕跡が出てきた。が、それ以上の情報は何も得られていないのが現状だ。

貴司氏は今でも「王将」の上位にランクされる大株主で、約二十六万七千株を所有している。順当に行けば、毎年二千万円余の配当収入を得られることになり、自立生活を送るという約束を守らなくて良くなった現在、生活費や活動資金には事欠かないはずである。

そのカネを頼りに愛息と二人で東南アジア辺りで暮らしていると見られているが、カチェリーナさんの元には、その消息は全く聞こえて来ない。

義父の潔氏は「無断で会社を辞めるような人間のことは知らん。子連れで外国に逃げるなんて何を考えているか想像もつかない。勘当した後は連絡を取っていないし、ましてや会ってもいないから、全く分からない」と答え、義母をはじめほかの親族たちは固く口を閉ざしたままである。

カチェリーナさんは相手方不在のまま離婚訴訟を起こし、一三年三月二十八日、慰謝料なしで離婚が成立、ダニエル君の親権も認められた。

「過保護で甘やかされて育った貴司は昔から短気で自分勝手だし、後先考えずに衝動的に突っ走る問題児だった。姫路まで毎日通い、ウクライナまで行って勝手に結婚式を挙げたのもそうだし、エジプトに妻を残して子供を連れて失踪したのも、いかにも衝動的な行動だ。カッとすると何を仕出かすか分からないから、周囲はいつもビクビクしていたし、貴司がいなくなって正直、家族もホッとしているんじゃないか」

そう語るのは貴司氏の友人の一人。こうも言う。

「貴司は若い頃から『親父の次の社長は俺だ』と公言して憚らなかったプライドの高い男だ。周囲が『若、若』と呼んで甘やかすから、本人は何の努力も勉強もしていないのに、すっかりその気になっていた。幼い長男を連れて外国に逃げたのも、俺こそが『王将』を継ぐ正統な人間だと主張したかったからではないか。若い時、米国で暮らしていたことがあるから、英語もしゃべれるし、海外での生活にも抵抗感がないからね」

かつて加藤家と交流があり、社内事情にも詳しい地元の暴力団幹部は言う。

「貴司の失踪は何か事件に巻き込まれたのではなく、本人の〝計画的犯行〟や。奴は自分の馬鹿さ加減を棚に上げ、当然『王将』の社長になるはずやったのを大東社長に潰されたと逆恨みしとるんや。しばらくはシンガポールの知人に匿（かくま）われて親子二人で生活しとったようやが、半年以上前に帰国して潜伏し、その後は関西に拠点を構え、社内外の情勢を窺っとったと聞いている。一説には『王将』への復帰を大東社長に直《じか》談判《だんぱん》して断られ、代わりに多額の手切れ金を要求したが、それも拒否されたということや。だから、大東社長への恨みつらみはかなり膨らんでいたといい、射殺事件を聞いた地元の極道（暴力団組員）は皆、『貴司がやらせた』と思ったんやないか」

こうした「王将」創業家三代目である御曹子の加藤貴司氏の怨念《おんねん》と暴走を、闇社会の面々が見逃すはずがない。少しでも甘い汁を吸おうと寄ってたかって貴司氏のカネと情報をしゃぶり尽くし、その取り巻きの人脈を利用して、「王将」の乗っ取りを煽《あお》りながら、いかに多額のカネを引き出し、将来にわたって資金提供を続けて受けられる〝美味《おい》しい利権〟を獲得しようかと画策しているフシが窺われる。

もし、そんな「王将」の乗っ取り、または「王将」への復帰などの計画が水面下で進んでいたとすれば、大東氏との対立は避けられない話であったろうし、貴司氏の失《しっ》踪《そう》が大東社長殺害劇の伏線だった可能性は否定できまい。

自分の経営方針や業績を後から次々と否定され、大東氏にあまりいい感情を抱いていないとされていた潔氏は、社長辞任後しばらくは会社側と連絡を取っていないなど、一線を画していた。しかし、大東氏が射殺された事件後に、会社周辺や母親（故・朝雄氏夫人で大東社長の実姉）宅に姿を現し、集まっていた報道陣と一悶着《ひともんちゃく》起こしている。

彼は常々、周囲に「加藤家の人間で『王将』を経営したい」と漏らしており、どこまで息子の貴司氏の行動と連携したものかは不明だが、会社幹部の一人は「大東社長の死で、経営に復帰しようと欲が出たのではないか」と警戒心を露《あらわ》にしている。

コジンの名誉がかかっている

ここまで「トラブルなど何もない」と豪語していた「王将」と同じ会社のこととは思えないほど、さまざまな問題が起きていた事実を書いてきた。

京都府警幹部は首を傾げながら、こう語る。

「会社側が隠しとった事実を含め、『王将』と大東社長にまつわる問題点のほぼすべてを突き止めて捜査してきた。中には関心を抱かせるものもあったが、何しろ、大東氏が社長に就任する以前の話が多く、現職の企業トップが射殺されるという衝撃的な出来事には直結しないのではないかと思われるんや」

はっきり言えば、それぞれのトラブルが発生した時期が古いため、なぜ一三年末に社長が射殺されたのかが分からないということである。そして、捜査本部としてはあまりいい手応《てごた》えを感じていないということでもあった。

そんな中で、大東氏周辺に〝ちょっとした異変〟が起きていたことが分かってきた。

早朝出勤して本社玄関前や駐車場を清掃することに始まって、役員から幹部社員、エリアマネージャー、店長、一般社員に至るまで会議、ミーティング、協議、相談事といった各種話し合いを繰り返し、一日二店は行くという店舗回り……と分刻みのスケジュールを予定時間通りにきちんとこなしてきた大東氏が、一三年の夏を過ぎた頃から時々、不規則な行動を取ることがあり、何をやっていたのか分からない〝空白の時間帯〟を設けるようになってきたというのである。

大東氏は時折苦渋に満ちた表情を浮かべることはあったが、悩みごとを吐露するどころか、愚痴一つこぼしたことはなかった。まして会社に脅迫状の類《たぐい》が届いたり、嫌がらせの電話がかかってきたりしたことはないし、大東社長側近の役員や秘書が彼から「まとまった金額のカネを用意するように」と指示されたこともないという。

ただ、いつもと違っているところとしては、大東社長が常時持ち歩いていた現金がやや多めになっていたことである。

事件当時、大東氏が財布や背広のポケット、車内の紙封筒などに数十万円ずつ計百数十万円を所持していて注目された。社内の人間は大東氏が百万円前後の現金を持ち歩いていたことは知っていたが、「店舗回りなどでちょっとしたテコ入れなどに使うカネかな」と思っていた程度で、何に使うためなのかを正確に知る者は一人もいなかった。

また、一三年秋頃に「子供や若者の人権を守る団体のメンバー」と称する男女二人が突然、大東社長に面会を求めて本社を訪れたことがあった。たまたま大東氏が仕事で不在であり、その旨を伝えるとおとなしく帰って行ったが、いくら用件を尋ねても答えようとはしなかった。

そして、応対した社員が「予《あらかじ》めアポイントメントを取って頂かないと、社長が会えないこともある」と伝えると、男性の方が「社長は必ず会うと思いますよ」と自信たっぷりの態度だったといい、女性の方が小声でボソボソと「コジンの名誉がかかってますから」といった趣旨の発言を添えたように感じられた。

この社員は「人権団体のメンバーが個人の名誉に関する話で訪れたとすれば、厳しい職場の環境を嫌って社を去った人間がパワハラとかいじめとかで訴えたのかな」と直感的に思い込んでしまったという。

こうした動きに対して、「王将」周辺から「大東社長には愛人がいて、トラブルが起きていたという話がある。下手すると、射殺事件も、そうした愛憎のもつれが原因ではないか」との声が囁《ささや》かれたことがある。

捜査した結果、「犯行を疑われた人物が自分への注目をそらすために流したデマ」

（捜査員）と判明した。

しかも、これは後で分かったことであるが、「コジン」と聞こえた言葉は「個人」ではなく「故人」であったのだ。

この男女の訪問者について報告を受けた大東氏は、特に反応を示さなかったし、その後の態度にも変わりはなかった。それから一週間ほど経った後、一人で自転車に乗って〝いつもの散歩〟に出掛けた大東社長が、途中で誰かに遭遇したらしく、予定時間よりかなり早く戻ったことがある。大東氏は何も言わなかったが、顔色が悪く、しばらく社長室にこもって出てこなかった。

そうしたことが三回ほどあって、大東社長は慣れたせいか、社長室に立てこもることはなかったが、いかにも不機嫌そうに黙《だんま》りを決め込んでいたという。

一度は正面玄関でほかの役員とばったり会い、「何かあったのか」との問いかけに対し「今日は変なものを見ちゃったよ」と答えている。そして、今一度は巡回先の店舗で、そこの従業員がブツブツと独り言を呟いている大東氏を見かけている。大東氏が何をしゃべっていたかは定かではないが、一つだけ問われた言葉があるという。

それは次の一言であった。

「コクドーって何や？」

第6章　中国進出の罠

社会から抹殺された子供たち

「コクドー」って何だ？

二〇一四年夏、ある人物から聞かされた、この「コクドー」なる言葉がずっと耳にこびり付いて離れず、私を悩ませ続けた。

奇《く》しくも、大東社長が「コクドーって何や」という全く同じ言葉を店の従業員に呟いてから十か月が経っていた。

「国道」か「国土」？　いや「黒道」と書く。

そう、即ち、中国の言葉である。読み方は「ヘイタオ」という。


気温が四〇度に達しようかという暑い日が続いたかと思えば、突然の集中豪雨に竜巻、雹《ひょう》まで降った一四年夏。地球温暖化がもたらした異常気象と言ってしまえば、それまでだが、何やら〝不穏な空気〟が漂い始めた七月の後半に、東京・西新宿にある高層ホテルのラウンジで、その男と会った。

「林」と名乗った男は、年齢が四十歳前後か。長身でがっしりとした筋肉質の身体、無口でおとなしく、絶えず穏やかな表情を浮かべているように思えるが、よく見ると眼光は鋭く、いかにも一癖も二癖もありそうな「不気味な人物」であった。

日中両国を股《また》にかけたブローカー、投資コンサルタントという触れ込みだったが、名刺を差し出したり、パスポートなど身分を証明する書類を示す素振りも見せなかった。そして、たまにしゃべる言葉もイントネーションがややおかしく、中国や韓国などアジア系民族が話す日本語のように聞こえ、名前を「はやし」と呼ぶより「リン」と呼んだ方が相応《ふさわ》しい感じがするほどであった。

その「林」との面談の仲介役を務め、この日も同席した関西の暴力団系企業舎弟である「潮田《しおた》」（仮名）によると、「林」は暴力団など日本の闇社会のメンバーと、中国大陸のチャイニーズマフィアとの間を取り持つ〝橋渡し役〟の一人であり、王将事件の背景に精通しているということであった。

大東氏を射殺した実行犯の正体と行方を追いかけるうちに、一回数百万円の成功報酬で要人暗殺を請け負う中国人ヒットマンの組織があることを知り、そうした裏の仕事を発注する日本側の窓口を務める企業舎弟を突き止めて取材を行った。するとようやく、中国人ヒットマン組織に注文を繋《つな》ぐ〝橋渡し役〟に会えることになったのだ。

実は、この企業舎弟の「潮田」とは旧知の間柄であり、日本国内で企業テロ事件か、それに準ずる事件が発生するたびに会っては話を聴いてきたし、特にさまざまな事件の背後に中国人ヒットマンの存在が囁かれるようになってからは頻繁に取材を行うなど交流を重ね、信頼関係を深めてきた。

つまり、「潮田」とは既に十年以上、彼が業務を引き継いだ前任者の分も加えると四半世紀に及ぶ交流があったのだが、王将事件については「別組織のルートなので、よく分からない」と嘘をつかれ、まんまと騙《だま》されてしまった。やっと真実を突き止め、謝罪代わりに何とか「林」との面談にこぎ着けることができたのである。

その「林」が私と顔を突き合わすなり口にしたのが、冒頭の「コクドー」であった。


「黒道って、何か知っているか」

いきなり、そう切り出した「林」の問い掛けに、私は答えることができなかった。

ミネラルウォーターが置かれたコースターを引き抜き、その裏側に「黒道」という漢字を書いた後、つい「ヘイタオ」と口走ったのを聞いて、「黒道」が中国語であることは察知したが、私は恥ずかしながら、その言葉を知らなかった。

「黒社会」は、日本で言うところの暴力団など反社会勢力を意味し、言わば「闇社会」といった意味の言葉である。「黒客」はハッカーのことで、中国が日本や米国などに盛んに仕掛けてきたサイバー攻撃を取材する最中によく耳にしたことを覚えている。

中国の胡錦濤《こきんとう》・前国家主席が打ち出した政策の中に「掃黒作戦」という黒社会撲滅

策があったし、「黒」と付く言葉がいい意味でないことは想像できたものの、残念ながら全く聞いたことがない言葉だったため、何も言いようがなかった。

そんな私の反応に失望したのか、「林」は急に口を固く閉ざし、何もしゃべらなくなってしまった。

「中国が長らく〝一人っ子政策〟と呼ばれる人口抑制政策を採ってきたことは、知っとるやろ。そうは言ってもいろんな事情で、二人以上の子を成した家庭が結構あるんや。最近でも、何とか言うた有名な映画監督が三人の子持ちであることが発覚し、重い処分を受けたっていうニュースが流れていたわな」

気まずい雰囲気を見かねた「潮田」が、私と「林」の仲を取り持つかのように突然、そう話し始めた。さらに続ける。

「そうして生まれた子供たちは『黒核子』（黒い子供たち）と呼ばれ、公にできんから戸籍も作れない。つまり、この世から消されてしまった存在なんや。それが百人や千人やないで、何と四千万人近くもおるんやから、どエライことやがな」

「潮田」の話をまとめると、こんな内容になる。

戸籍のない子供たちの多くは人身売買の対象として一人約三千元（一四年八月時で約五万一千円）で売られ、使用人や小作人、肉体労働者としてこき使われるならまだしも、女の子なら少女売春婦、男の子なら買春客の生贄《いけにえ》か児童ポルノ用に売られたり、もっと酷《ひど》い例では、臓器売買用（一応はドナー）として売り飛ばされているという。そんな〝かわいそうな子供たち〟を救済し、戸籍を得る手段を講じたり仕事に就かせたりして、人間らしい生活を送らせようと活動している地下組織が「黒道」だという。

メンバーは憲法上、信仰の自由を認めているはずの中国政府から、国家の管理体制下に属さないとの理由で厳しい弾圧を受けているキリスト教系地下教会の司祭や信者が多いが、中には反政府または反日組織の面々が参加していることもあるという。

何やら「摑みどころのない怪しげな団体」と言っていいだろう。

事実、中国公安省はこの地下組織「黒道」を黒社会の一員と見なし、黒社会、黒客とともに「三黒追放」を叫んで徹底的な取り締まりを行っているとされる。

中国公安省によれば、「黒道」の構成員は戸籍のない「黒い子供たち」を中心に国内で約三千万人、海外を含めると四千万人近くに達するといい、監視を強めているものの、なかなか把握できないほど世界中に広がっているようである。

そして、「黒道」側がいくら「私たちは神様の教え（あるいは人道主義）に基づき不幸な子供たちの救済活動を行っているだけです」と訴えても、第二子以降に生まれた子供たちの存在を中国政府が認めていない以上、彼らの活動は必然的に非合法にならざるを得なくなっているのが実情だ。

「黒道」が戸籍を獲得する手段として主に行っている活動は、黒い子供たちの身分を偽って就学生や研修生などの名目で日本に送り込んだり、日本人の協力者に偽装結婚や偽装認知させ、新たに日本国籍を取得させるなどの、言わば犯罪行為である。

ただ、中国政府の禁止命令に背いて、第二子、第三子を密かに産み落とした農家では、生まれて来た赤ん坊に家畜の牛や鶏の血を塗りたくる風習があるらしい。人間が産んだのではなく、動物が死産した胎児であると見せ掛け、役人の目を誤魔化すためというが、そんな茶番が通用するとは思えないから、あくまで建前論なのであろう。そして、一度死んだ動物の胎児が人間の子供として生まれ変わると考えたのが「超生」（国家の割り当てを超えた命）だといい、この世から一度抹殺されたのだから、何をやっても平気であるという論法だ。

そのため彼らは、国を愛する気持ちから起こした行動には罪はないという意味の「愛国無罪」を強く訴え、中国内の日本資本の企業や商店を襲撃したり、日本製品をボイコットするなど、激しい反日運動を展開する。

頻繁に来日して、偽装とはいえ日本人と結婚して戸籍を取得したり、職に就いたりしているのに、反日感情をどんどんエスカレートさせて暴動まで起こすというのだから、日本人にはよく分からない理屈であるし、中国公安当局でさえ、その実態を摑みかねているのが実情らしい。

もっとも、これらの話は、後に中国大使館関係者や、在日中国人が作る半グレ集団のメンバー、華僑《かきょう》、日本の公安当局などから取材したり情報収集して判明したことで、この時点では全く分かっていなかった。

それゆえ、「林」から聞く話は驚きの連続であった。

古くて深い怨念がある

「六年ほど前だったか、中国で製造された冷凍餃子を食べた日本の家族が中毒症状を起こした事件があったろう。実は、あの事件にも『黒い子供たち』が絡んでいたんや」

それは二〇〇八年一月、千葉、兵庫両県に住む三家族合計十人がスーパーで売っていた中国製冷凍餃子を食べて、下痢や嘔吐《おうと》などの中毒症状を訴え、五歳の女児が一時、重体となった事件で、日本中をパニックに陥れた。

一四年七月、中国・上海市の食品工場が大幅に使用期限が切れた鶏肉《とりにく》を米国の有名ファーストフードチェーン店や日本のコンビニに出荷していた事実が発覚し、人々に衝撃を与えた。この事件で六年前の毒入り餃子事件が再びクローズアップされ、忌まわしい記憶を新たにされた方も多いだろう。

毒入り餃子事件では、日本の発売元・JT（日本たばこ産業）が未開封の同じ商品を検査した結果、メタミドホスという非常に毒性の強い農薬成分が検出され、警察庁の肝煎《きもい》りで千葉・兵庫両県警と警視庁が合同捜査本部を設置。中国側が早々と「冷凍餃子から検出された有機リン系殺虫剤メタミドホスが、生産から輸出までの過程で混入する可能性はほとんどない」と明確に否定したこともあって、捜査本部は食品テロの可能性も視野に入れながら、本格的に捜査に乗り出したのだ。

そして、捜査本部は二つの指紋という決定的な物証を引っ提げて、中国に乗り込んだ。一つは冷凍餃子の袋に付着した被害家族やスーパー店員ら関係者以外の身元不明の指紋であり、この指紋の主を突き止めれば、犯人逮捕に繫《つな》がる可能性が高かった。

もう一つは薬物指紋と言われるもので、これを辿《たど》れば、薬物を特定したうえで、生産地から販売ルート、使用経路を絞り込むことができるという。

中国側はあくまで中国国内での殺虫剤混入を否定し続けたが、これらの物証が決め手となり、問題の餃子が河北《かほく》省石家荘《せきかそう》市にある「天洋食品廠公司」で製造されたことが判明。同社の工場で臨時工員として働いていた男が、一日十三時間労働で八百元（事件当時のレートで約一万円）の安い月給しか支給されないという劣悪な労働条件への不満から犯行に及んだことが分かり、中国当局に逮捕され、一四年一月、無期懲役の判決が出ている。

この事件のいったい、どこに「黒い子供たち」がかかわっていると言うのだろうか。

当時の捜査関係者の証言によると、この毒入り餃子事件の後、中国のインターネットの書き込みサイトに、犯行声明とも取れるコメントが載ったという。

《我々が、どんな製品も輸出しなくなったら、日本の犬は生きていけるのか！》

《恥知らずの日本人よ。中国の餃子を食べるな。もう日本人は中国の食品を食べなくてもいい（中略）中国の製品をノーと言っている。喜ばしいことである》

これらのコメントの発信源を辿っていくと、「黒道」の下部組織が現れたのだ。

しかし、「黒道」がどうして毒入り餃子事件にかかわらなければならないのか。

中国公安省によると、「黒い子供たち」が生まれたのは中国政府の一人っ子政策という悪政のためであり、彼らは国家が犯した過ちを正すために農民の暴動や臨時工員など低賃金労働者による労働争議を支援してきたと言われている。

「黒道」が反政府運動に繋がる論理は何となく分かったような気がするが、それがどうして反日活動に繋がるのかと言えば、こういう論理なのだという。

日本製品が中国市場で中国製品を圧倒して駆逐し、市場を事実上独占している。現在の中国企業で発展しているのは、日本資本と組んだ会社ばかりで、非外資系中国企業が次々と潰れ、失業者が多く出ている。そして、農村出身の貧しい若者たちは日本資本の工場で臨時工員として安い賃金で働かされている。臨時工員は日本資本の犠牲者である……。

何だ、これは——という考え方である。

確かに天洋食品には日本資本が投下されていたし、犯人は低賃金を不満に思う臨時工員だったが、だからと言って激しい日本批判に転じるのは、理屈のすり替えのような気がしてならない。彼らは反政府を訴えるべきところを反日に替えているだけではないのか。

この「黒道」の話題になると、「林」は異様なほど熱が入り、「潮田」の説明に次々と加わって大いに盛り上がっていた。だが、私は「林」が気分を害するのを十分に予測したうえで、その流れをスパッと断ち切るべく、大声でこう言った。

「黒い子供たちのことはよく分かったけれど、それがいったい、今回の『王将』社長射殺事件とどうかかわって来るんだい。『黒道』のメンバーが大東社長を殺害したのか。もしそうならなぜ、そんなことをしたのか。『餃子の王将』と黒い子供たちの間に、何か特別な関係があるとでもいうのか」

案の定、私の言葉で一瞬のうちに、その場の空気が凍りつき、「林」はもちろん、「潮田」さえ何もしゃべらなくなってしまった。

しかし、いくら気分を害して〝無言の苦行〟が続こうが、間に入って骨を折ってくれた「潮田」の面子《メンツ》を潰して叱られようが、王将事件との関連性の有無についてだけは、絶対に聞き逃すわけにはいかないのである。

「むろん、今回の事件とは関係があるよ」

そう呟《つぶや》くように語った「林」は、さらにこう続けた。

「なぜ、『王将』創業者の加藤は餃子を作り始めたのか。国内五百店舗だ、一千店舗だのと目標を掲げながら、どうして中国への進出を決めたのか。それも首都・北京や上海ではなく、旧満州の大連にこだわった理由は何なのかと考えてみれば、『王将』にはまだよく分かっていないところがたくさんあるんじゃないのか」

加藤、大東両氏の二人三脚で「餃子の王将」を立ち上げて躍進させ、御曹司の失策で経営危機に陥った会社を「原点回帰」を合言葉に復活させた話は、企業と経営者のサクセスストーリーとして非常に興味深いが、そう言われてみれば、なぜ「餃子の王将」になったのかという根本のところは知られていない。

「それに、おそらく警察は隠しているんだろうが、現場の状況や殺害方法などに、犯人の〝怨念〟のようなものが感じられる。そうした疑問点や問題点を一つ一つ解き明かし、それらの回答を積み重ねていくと、それはやがて一本の線に繋がり、そこには驚くべき真実が現れて来るんだ」

そういう「林」の言葉を聞いて、私は思わず、全身に震えが走るのを感じた。

「今回の事件は『王将』に対する〝怨念〟、それも古くて深い恨みが動機なのだろうか。それならなぜ、一三年の暮れに事件が起きたのか。『黒道』はどうかかわってくるんだ……」

矢継ぎ早に繰り出す私の疑問を遮るようにして、「林」はこう言い切った。

「そんなに真相が知りたいなら、当事者に聞くのが一番いいだろう。是非とも会わせたい人がいる。本人が了解すればの話だが、今度、皆で会いましょうか」

そうやって「林」が引き合わせてくれたのが、序章で記した老婦人だった、というわけである。

「リン」と名乗った老婦人とその家族たちが旧満州で遭遇した恐怖と悲劇は凄まじいものであり、衝撃と涙なくしては聴けない話だった。しかし、それ以上にショックを受けたのが、老婦人が口にした仇《かたき》とも思える軍人の「カトウ・アサオ」という名前であった。

「リン」さんの姉をはじめ一家を不幸のどん底に突き落としたうえ、ソ連軍侵攻を知りながらさっさと見捨てて逃げた「カトウ・アサオ」と、「王将」のカリスマ創業者・加藤朝雄氏は果たして、同一人物なのであろうか。

京都府警の調べでは、確かに加藤朝雄氏は戦時中、軍隊に召集され、憲兵として中国・満州に渡っていたことがあるという。そして、終戦とともに捕虜となって抑留され、終戦から二年後の四七年に大連の港から復員してきたのは事実である。

　当然、この老婦人も帰国後に加藤氏に会うなどして、自分たち家族とのかかわりについて尋ねたり、もし加藤朝雄氏が「カトウ・アサオ」と同一人物であったなら、なぜ黙って姿を消したのかなどと問い掛け、当時のいきさつなどを確かめたと思いきや、「何もしていません」とあっさりと否定した。

「生きていくのに精一杯でしたし、よく分からない話を調べるほど時間的にも資金的にも余裕などなかったんです。それに『王将』の社長さんが同じ名前の方だとは、ずっと後になるまで、全く知りませんでしたから」

　実際、この老婦人は「カトウ・アサオ」が加藤朝雄氏と同一人物かどうかはもとより、まだ加藤氏の名前が浮上する以前であっても、「カトウ・アサオ」なる人物の消息を何一つ調べようとさえしなかった。

　時折、テレビのニュース番組や新聞、雑誌の報道などで、「王将」の社長名を見たり聞いたりすることはあったが、微《かす》かにしか記憶に残っていない名前と、報道された名前が合致するはずもなかった。

　また、加藤氏が九三年に死去したこともあって、その名前は完全に「リン」さんの頭の中から消えていたのだが、それが急に記憶の中に蘇《よみがえ》ったのは、一一年頃にたまたま目にした雑誌記事の中に「王将」の中国進出の話が載っていたためだったことは既に述べた。

この老婦人はそれでも自分で動くことはしなかった。自分が生まれた中国・旧満州での生活ぶりや家族とのかかわりを知りたいと思い、日本にいる残留孤児仲間とその二、三世たち、大連にいる知り合いの中国人や日本人の実業家たちに連絡を取り、「王将」創業者の加藤朝雄氏の人物像と、「王将」が中国での一号店を大連にオープンした理由について調査を依頼したのである。

肝煎りの大連進出が失敗

一方、事件発生から半年余にして、捜査本部は犯行動機に繋がりそうな大東氏個人や、会社の問題点を一通り調べてきたが、これというものが見つからず、捜査は完全に行き詰まりを見せていた。そんな時、大東社長肝煎《きもい》りの事業で起きたトラブルが新たに浮上し、捜査本部内はもちろん、京都府警と連携して密かに内偵を続けてきた公安当局に、一気に緊張が走った。

二〇〇五年七月に「王将」が中国東北部・大連市に進出した際、地元マフィアに仲介料（ショバ代）を要求され、トラブルになったという話である。

もっとも、それだけの話なら、何事にもコネが必要で政治家や官僚などに賄賂《わいろ》を渡さなければ便宜を図ってもらえないことが多い中国では、日常茶飯事だろう。

実際、大東氏は生前、知り合いの食品業界関係者に、こう語っていた。

「中華料理の本場・中国に乗り込むということで、やはり気持ちが高揚しているのは確かやな。中国で餃子と言えば、水餃子が一般的やから、そこに『王将』の看板商品である焼き餃子が通じるんか言う声があることは知っとるけど、『食は万里を超える』ちゅうのがウチのキャッチフレーズやから。それを証明せんとな。これは、先代の悲願でもあるんやから……。チャレンジって奴や」

もちろん、これから中国で大々的にビジネスを展開していこうという経営者が、簡単に弱音など吐くわけはないが、それから数か月後にたまたま大東氏に会ったという同じ食品業界関係者は「社長の張り切り方は、全く変わっていなかったわ」と苦笑いを浮かべながら、こんな話を打ち明けた。

「大東社長はお得意のスマイルを浮かべて、『自信と不安が半々やったが、日本流の焼き餃子は結構好評やったし、破れかぶれで作ってみた日本風味付けの麺類《めんるい》などもまずまずの人気なんや。この調子で行けば、大連だけで五、六店は楽に行けそうや』と自信満々で言っとったわ」

この食品業界関係者に対して、大東氏は「大連市内にも大規模なセントラルキッチンを建て、餃子の餡や皮、麺類などを製造し、周囲の店舗に直送する一大拠点にしたい」旨の説明を行っていたというから、中国進出が成功するという手応《てごた》えを感じていたことだけは間違いないだろう。

ただ、大東氏が大連での地元マフィアとのトラブルを掌握していなかったとは、とても思えないし、そのトラブルはそれほど小さなものではなかった。

実際、「王将」は大連市内に五店舗をオープンしたものの、それ以上の店舗展開を全く果たせていないどころか、現在は三店舗に減っている。一九九〇年代から中国進出を果たしている牛丼の「吉野屋」チェーンが約四百店舗、「味千ラーメン」グループが約六百店舗……といった具合に、ほかの外食産業が瞬く間に中国各地に系列店を増やしていっており、「王将」の停滞ぶりは明らかにおかしい。「王将」がいくら「トラブルなど何もない」と否定しても、どこかに問題を抱えていた結果であることは明白だ。

「王将」が現地に設立した法人の正式名は「王将餃子（大連）餐飲有限公司」というのだが、中国版「餃子の王将」にいったい、何があったのか。

「日本人が中国で商売を始めるには、店舗や事務所を開設する土地の取得はもちろん、さまざまな許認可を得るため、進出先の地方政府の役人や中国共産党の幹部などへの根回しが必要です。そのためには現地のコーディネーターとして〝いい人材〟を確保できるかが重要で、その人物がどれだけ人脈や情報を持っているかで成功か失敗かが決まります。まさにコーディネーターの腕前次第なだけに、多少の資金と時間が掛かっても、敏腕コーディネーターと現地の情報網を駆使して積極的に動くしかない。まさに手を拱《こまね》いているわけにはいかないのです」

そう語るのは、大連市在住の日本人実業家である。

ところが、「王将」の場合、その現地コーディネーターの選任に失敗し、慌てて後任として選んだ別のコーディネーターとの連携もうまく行かなかったという。そして、新規店舗開設用地の確保や、大連市をはじめ地方政府への根回しなど、やること為《な》すことすべてが後手に回ってしまったのである。

これは決して中国でのビジネスを軽く考えていたことによる失策ではないのだが、現地の経済状況やビジネス環境に関する最新情報の収集を怠り、現地コーディネーターや地元マフィアの実態把握が不十分で、投入する資金や人員なども中途半端であったことを意味している。

端的に言えば、「王将」がカネの遣い方を誤ったというか、知らなかったということになるが、それではまとまる話もまとまらない。

ただ、中国側も大きなビジネスチャンスを逃したくなかったのか、現地コーディネーターたちの後ろ楯となっている地元マフィアが素早く仲介に乗り出してきた。

ところが、関係各界との権利関係の調整をめぐって、今度はそのマフィアとも揉めてしまい、新店舗用地取得の契約締結に向けた交渉が完全に暗礁に乗り上げ、双方とも身動きが取れなくなってしまったのである。

この話には別の見方もあり、「王将」側が現地コーディネーターに支払う報酬が高過ぎると苦情を申し立てたことからトラブルが発生。このコーディネーターがバックに控えるマフィアに泣きつき、マフィアによる妨害や嫌がらせが始まった、というものだ。

確かに「王将」の店舗がオープンして数か月のうちに、マフィアの仲間と見られる客が店内で暴れたり客同士で喧嘩《けんか》を始め、食器や窓ガラスを割るなどの騒動が続発していたのは事実だ。また突然、店内が水浸しになる被害があり、調べると上の階を借りたマフィアのメンバーが床に水をまいて水漏れを起こしていたことも判明している。

そのために中国内の各店の売り上げがどんどん減少し、一店舗当たりの売り上げが国内店の十分の一にしかならない有り様だという。

このほかにも、マフィアとのゴタゴタに嫌気が差し、本社に一々伺いを立てないと交渉が進められない現状に業を煮やした「王将」側の現地責任者が、本社の許可を得ないで、新たにコーディネーターを雇って、どんどん話を進めてしまったという話もあり、現地のドタバタぶりが窺われる。

その行為は当然、社内的には大変な問題である。しかし、それ以上に地元のコーディネーターたちやそのバックにいるマフィアのメンバーからすれば、交渉過程における一方的なメンバー交代は相互の信頼関係を損ねるばかりか、それぞれのコーディネーター業界やマフィア組織の内部事情や人脈、手法、細かい決め事などが競合相手に筒抜けになってしまう危険性も秘めており、許しがたい背信行為であった。

しかも、この現地責任者は地元マフィアとの間で、問題解決の際には特別に成功報酬を支払うなど勝手に約束を交わしていた、というのだ。

もっとも、これらの独断専行が功を奏した面もあり、「王将」は何とか大連に一号店を開業するところまでこぎ着けた。

しかし、このドタバタ騒ぎのツケは決して、小さくはなかった。

新規開店をめぐる契約や条件に関して、この現地責任者が勝手に進めた話のほとんどは本社が〝事後承諾〟することで何とか済んだものの、マフィアへの特別報酬については、とうとう最後まで認められなかったのだ。

大連での新規開業を無事に果たすことができたにもかかわらず、一方的に特別成功報酬の約束を反故《ほご》にされたマフィア側は、当然の如く激怒した。その裏切り行為への見せしめのために「王将」に殺し屋を送り込んだのではないか、というのが捜査本部の新しい見立てであった。

この話には、まだ続きがある。

自社の現地責任者の対応に不信感を抱いた大東氏が、関西にいる古い知り合いである暴力団幹部を通じて大連市在住の中国人実業家にコンタクトを取り、現地責任者がいろいろと行った対応策とは別に、新たにトラブルの収拾を依頼していたというのである。

「自分の肝煎りで始めた事業が頓挫《とんざ》しかけて、大東社長も焦ったんやろう。ダブル、いやトリプルブッキングという、この種の交渉ごとでは一番やってはいけないことに手を出してもうたんや。これは交渉相手から信用を失うだけやのうて、恨みさえ買ってしまう痛恨の失敗策や。こうした仕打ちに対しては、極道（ヤクザ）もマフィアも対応は同じやろ。水漏れさせて店内を使えなくする程度の嫌がらせじゃすまん。どう転んでも命のやり取りは避けられんわな」

とは「王将」の社内事情に詳しい企業舎弟。さらに、こう続ける。

「一方的なコーディネーター交代に特別成功報酬の不払い、さらには全く別ルートの中国人実業家の登場……とここまでやられたら、そりゃ、チャイニーズマフィアも怒りを爆発させるわな。奴ら日本の極道以上に怖いから、殺し屋を差し向けるくらいすぐや。でもなぜか、奴らは我慢した。これはドえりゃいこったな」

この企業舎弟はチャイニーズマフィアとは直接かかわりがないが、マフィアの在日代理人とも言える中国系半グレ集団にパイプがあるため、中国絡みのさまざまな情報が入ってくるという。その企業舎弟によれば、こんな話になる。

「本来なら迷うことなく、裏切り者として処刑されるところや。それが連中の在日の代理人組織の奴らに『今後もいい金づるになる』とでも言われたんか、一度だけ〝(生命が)助かるチャンス〟を与えられたんや。何でも、一三年秋頃に日本にいる連中の代理人組織の奴が大東社長に接触してきたって話やで」

この企業舎弟の証言によれば、「王将」側と地元マフィアの間の交渉は、チャイニーズマフィアとしては珍しく、長期間にわたって粘り強く行われたという。そして、特別成功報酬を含む仲介料の請求や、その他の約束事の履行要求も執拗《しつよう》に行われてきた。

そうした〝異例ずくめの交渉経緯〟を踏まえての在日の代理人による直接交渉だったのに、中国経済界や黒社会(闇社会)の商習慣や内部事情に疎い「王将」側の経営陣、特に肝煎り事業を妨害されて怒り心頭に発していた大東氏は、マフィア側の要求を断固、拒否してしまったのである。

そのため、さすがのマフィアも〝堪忍袋の緒〟が切れて、凄腕《すごうで》のヒットマンを送り込んできたのではないか、というわけだ。

東北マフィアの台頭

それにしても、仮にこの見方が正しくて、大連のマフィアが殺し屋を送り込んで来たとするならば、いくら多額のカネが長期間にわたって手に入る相手だからと言って、何年もかけて追いかけ回したうえに、遠く日本にまでヒットマンを派遣するというチャイニーズマフィアの執念には凄まじいものを感じざるを得ないが、果たして、そこまでするものだろうか。

「王将」が国内で七百近い店舗網を広げ、年間の売上高が七百六十億円余に上るのは、この時からまだ八〜九年先の話である。〇五年当時は巨額の不良債権を抱えながら、ようやく〇二年から単年度で赤字決算から抜け出した頃だから、マフィアからしても、さほど魅力のある相手ではなかったはずだ。

よしんば日本国内の企業情報や経済状況などに詳しい者がいて、チャイニーズマフィアの幹部に「あの『王将』という企業は今は停滞しているが、将来性が豊かな会社だ」などと情報提供したとしても、マフィア側の関心の高さは異常というしかないだろう。だが、現実にそうなった。

それはいったい、なぜなのか。その答えを知るためには、中国におけるマフィアの勢力争いと日本への進出実態について触れておかなければなるまい。
説明がやや長くなるが、お付き合い頂きたい。

日本で「チャイニーズマフィア」と言って最初に思い出すのは台湾、香港マフィアだろうか。この二大組織は古くから暴力団と交流を持ち、麻薬や拳銃の密売を行ってきたし、日本に進出して都内の新宿や池袋をはじめ、横浜や名古屋、大阪、福岡などで勢力を拡大し、時には暴力団とも抗争を繰り広げてきた。

一九七二年の日中国交正常化後、現在の中国政府が台湾に代わって表舞台に登場すると、黒社会でも台湾マフィアに代わって上海マフィアが台頭し、そこに福建《ふっけん》、広東《かんとん》省のマフィアが加わった。特に不法入国者を労働力として必要とする暴力団側の要請もあり、密航者の輸送と世話で潤った「蛇頭《じゃとう》」を支配した福建省マフィアが一大勢力となった。

その後、中国の経済発展によって国民の生活水準が向上し、出稼ぎのため無理に来日する必要はなくなった。さらに日本側が中国人に対するビザ発給条件を大幅に緩和したこともあって、密入国する者がいなくなり、「蛇頭」は不要となった。

その代わりに、来日希望の中国人たちに人気を呼んだのが日本人との偽装結婚斡旋《あっせん》仲介であり、福建省マフィアの存在を押し退けて、そのビジネスを担ったのが中国東北部を拠点とする東北マフィアであった。

天安門《てんあんもん》事件以降、多くの中国人たちがさらなる自由とカネを求め、あるいは都市部とはあまりに格差があり過ぎる農村部の生活から脱出しようと考えて、続々と日本に流れ込んできた。

彼らは「日本に永住もしくは長期滞在して、ビジネスを成功させてカネを儲け、豊かな暮らしがしたい」と夢見ており、ちょうど「王将」が中国進出を図った時期と同じ〇五年頃から急増していた。

彼らが真っ先に望むものは、日本で永久または長期に住むための許可証、即ち手っ取り早く言えば、戸籍（日本国籍）であり、そのために活発になったのは日本人との偽装結婚による移民であった。そして、そうした裏戸籍取得に早くからビジネスとして取り組んできたのが東北マフィアの面々であった。

もちろん、他の組織も戸籍偽造を生業《なりわい》とするメンバーを増やし、福建省などでは戸籍偽造集団が住む「日本人が作られる村」と呼ばれる地区まで存在すると言われているほどである。

それでも、この分野で東北マフィアが圧倒的に強かったのは、その構成メンバーの多くが中国残留孤児二、三世か、親族などの関係者であったからだ。そして、彼らの親族や仲間たちが中国残留孤児帰国者と二、三世として既に日本に渡って生活しており、日本国籍を有するだけに偽装結婚の相手には事欠かなかったからである。

現在、在日中国人社会で隆盛を極めているチャイニーズマフィアはこの東北系と、以前から君臨している香港系の二大グループだと言われている。

香港は、昼は世界に誇る一大金融センター、夜は世界を代表する大歓楽街として知られており、そこを拠点とする香港マフィアは欧米や日本、東南アジア諸国など世界を股《また》にかけて活動する巨大、かつ老舗組織である。

これに対して、中国東北部はかつて「満州」と呼ばれた遼寧、吉林、黒龍江省《こくりゅうこう》の三省に跨《また》がる広大な土地に、豊かな農産物と、石油を中心とする良質な地下資源を産出する。

首都・北京に近く、交通の便が良い。天然の良港が揃っていて漁業や造船業が盛んで、原潜基地を配備するなど中国人民解放軍の海軍の重要拠点でもある。

また、北隣のロシア・シベリア開発に積極的に参入を果たし、北朝鮮との貿易窓口にもなっているという「無限の可能性を秘めた将来性豊かな魅力ある大地」（日本の貿易商社マン）なのだ。

中国では、つい数年前まで鄙《ひな》びた寒村だった場所に中高層ビルが林立し、人口が数百倍に膨らんだ大都会に変身してしまった街がいくらでも存在する。東北部にもそうした街が無数にあり、大連市などはその典型的な例として、瞬く間に人口五百九十万人余の新しい国際ビジネス都市に変貌《へんぼう》を遂げていた。

中国東北部がここまで躍進したのには理由がある。二〇一二年秋まで約十年間続いた胡錦濤政権が多額の国家予算を東北部を中心に、大連市の対岸に当たる天津《てんしん》市や山東省などの開発に投じ、大規模な公共事業を次々と行ったからである。

中国共産党には、青年組織出身者で作る共産主義青年団（共青団）と、有力な党幹部の子弟が中心となっている太子党の二大派閥があり、胡錦濤・前国家主席は前者出身、習近平《しゅうきんぺい》・現国家主席は後者出身である。

胡・前国家主席は当然、共青団出身者を重用したが、この共青団出身者たちは若い頃から東北部や内陸部など発展途上地域（経済的に発展が遅れている地域）での勤務経験があり、それぞれが地方に基盤を持っている。従って、胡錦濤政権下では間違っても太子党の牙城《がじょう》である上海などに多額の資金投入が行われるはずはなく、東北部や内陸部などが大いに潤ったというわけだ。

因《ちな》みに、習近平政権は太子党グループが支えているから、今度は上海など沿岸部に資金投下が行われると考えるのが普通だが、現実はそう簡単には行かないから面白い。

中国の政治体制の内幕を明かすことが本書の狙いではないので、ごく簡単に触れるだけに止《とど》めるが、習政権は太子党と江沢民《こうたくみん》・元国家主席が率いる上海閥が支えているものの、習氏にはライバルが多く、必ずしも次期国家主席の座が約束されていたわけではなかったといわれている。

習氏は強力なライバルたちを退けたり、巧みに操りながら、自分の政治基盤を固めていかなければならず、その意味でも上海閥に有利に働く資本投下ばかりを行うわけにはいかなかったのだ。

そのため習近平政権に替わっても、東北部の発展は変わることなく続いたのである。

話を元に戻す。

中国の経済成長は、中国政府が「固定資産投資」と呼んでいる公共事業によって支えられてきたと言える。

ところが、各地方政府は国家から下りてくる巨額の予算を借金返済や構造的な赤字の補塡《ほてん》に使ってしまい、新たな投資にはほとんど回らないのが実情である。それなら公共事業や開発事業はどうやって進めるのかというと、何だかんだと理由を付けて国家から新たな資金を引っ張ってくるか、政府と組んで積極的に企業誘致を図り、そこで得たさまざまな資金を運用に回すのである。

胡錦濤政権はトヨタやホンダといった日本の大手自動車産業に対し、東北部の中心地・長春市と渤海《ぼっかい》湾に面した天津市に大規模工場を造るように要請し、その工場で乗用車を大量生産させている。そうやって日本の企業が集まってくれば、日本人向けの飲食店やスーパー、コンビニなどが造られるようになり、最後は金融機関の支店の出店が許可され、大がかりなジャパニーズタウンができ上がるパターンだ。「王将」もそうした経緯を経て、情勢の変化を見据えたうえで中国進出の話が持ち上がってきたと思われるが、それにしてもなぜ、大連市なのか。

確かに、大連や瀋陽、長春など東北部の主要都市や工業・商業地帯の町並みが忽ち近代化され、大都会に生まれ変わっていったし、空港や道路などが次々と整備され、世界中から観光客やビジネスマンが空路、東北部に押し寄せて来ている。

特に東北部の玄関口に当たる大連市はもともと、日本などに農産物や天然資源を輸出するための貿易港として発展した。中国解放後も日本のIT産業が数多く参加して、コンピューターソフト製造の集積地構想を進めるなど、早くから中心都市であった。

そうして日本人ビジネスマンや観光客が集まる街があれば、当然、日本で馴染《なじ》みの深い外食チェーン店は流行《はや》るはず、という計算が働くことはよく分かる。

ただ、中国は北京は北京、上海は上海といった具合に地域ごとに発展するため、中国全土で一斉に支店網が完備などという芸当はあり得ない。上海ではどこに行っても店があるが、北京に行ったら全く見かけないなどという風景はごく普通である。

その観点から言えば、いくら胡錦濤政権の後押しで東北部の発展が目を見張るものであったとしても、そうした一時の勢いだけで進出先を決めてしまうと、後で取り返しのつかない失敗になることが往々にしてあるという。

それならなぜ、「王将」は第一号店を大連市にオープンさせたのか。

「日中両国政府が中国東北部に進出するように〝指示〟してきたうえ、これからは大連や瀋陽、天津辺りの開発が進み、大幅な利益増が望めるという大東氏独自の勘というか経営センスが働いたことは間違いない。ただ、地元のコーディネーターやマフィアとトラブルを起こしたところを見ると、事前に十分に調査したり、下準備をしてきたとは思えない。そうなるとやはり、大東氏自身が漏らしていた『大連進出は先代（朝雄氏）の念願だった』と考える方が合理的ではないかと思われる」（大東氏をよく知る食品業界関係者）

最初に「王将」側から根回しなどを依頼された地元コーディネーターも、こう語る。

「何としても大連に進出するという『王将』側の意気込みが凄《すご》かったことを覚えている。『今の大連はバブル真っ盛りだから、何をするのもカネがかかるよ』とか、『マフィアをはじめ犯罪組織が続々と集まってきているから、あちこちに気を遣ったり根回ししなければならず、大変だよ』と警告を発したつもりだが、全く聞く耳を持たなかったわ」

「王将」社長射殺事件の裏に、戦時中の中国大陸・旧満州の「闇」が絡み、七十年近い歳月を経て蘇《よみがえ》る。この図式はどこかで見覚えがあると思ったら、ややしつこくて恐縮だが、八四、八五年のグリコ・森永事件によく似たシチュエーションがあった。

兵庫県西宮市の自宅から拉致《らち》された江崎勝久・江崎グリコ社長が監禁先の水防倉庫内で着せられた黒いオーバーコートは、戦前から戦時中にかけて大阪や東京などのグリコ青年学校で、学生に支給されたものと判明。学校ごとにオーバーの色が違い、黒色は旧満州・奉天だったことから、グリコの発展途上、特に戦時中の中国大陸の「闇」に真の犯行動機が秘められているとの見方が広がったことを彷彿《ほうふつ》とさせるものだ。

国際犯罪都市に乗り込んだ

「王将」に唯一誤算があったとすれば、それは大連市が経済発展とともに、中国でも有数の国際犯罪都市に変貌していたことであろう。

具体的な事例を幾つか見てみよう。

一九九五年七月三十日夜の八王子《はちおうじ》スーパー三人射殺事件。東京都八王子市内のスーパー「ナンペイ大和田《おおわだ》店」二階の事務所で、パートの女性従業員とアルバイトの女子高生ら三人が頭を拳銃で撃たれ殺害されたもので、捜査は難航し、時効が撤廃されたこともあって犯人未検挙のまま現在に至っている。

この未解決事件について、「俺は真犯人を知っている」などと言い出した男がいた。

元暴力団幹部の日本人で、〇九年九月、中国の拘置施設に収監中に警視庁の捜査員などの事情聴取を受けたものの、有力な手掛かりは得られなかった。実は、この男は大連市を拠点とする麻薬密輸団のボスであった。

この男はもともと日中両国の不良メンバーを集めて日中強盗団を組織し、九〇年代と〇二年頃に日本各地を荒らし回っていた人物だ。特に〇二年は確認できただけで一都八県で計十七件の強盗事件を起こし、総額六億円以上を荒稼ぎしたとされる。

警察当局の大捕り物で三十人余のメンバーはほとんど逮捕されたが、一味の主犯で長らく日中両犯罪組織から信頼され、双方の〝橋渡し役〟を務めてきたこの男は〇二年十一月に素早く中国に逃亡。上海や福建省などを転々としながら、大連市に居を構えていた。〇四年六月、広東省で覚醒剤《かくせいざい》三・一キロを取引して中国公安当局に逮捕され、〇七年八月、遼寧省高級人民法院（高裁）で死刑判決を受け、一〇年四月、死刑が執行されている。

この男以外にも日本の元暴力団幹部らが覚醒剤取引などで拠点とする場所は、決まってこの大連市であった。それは北朝鮮製覚醒剤の流通ルートとして格好の立地条件であり、交通の便がいいため、あちこちを飛び回れる利点があった。

これは表の貿易ルートでも東北部などで製造した物品を北朝鮮の羅津《らしん》港から運び出し、新潟港に持ち込む経路を確立しており、東北部を物流の大動脈にしようという試みがなされていると言っていいだろう。

そうした表裏両方の事業を仕切っているのが東北マフィアの面々であった。あの強固な組織を誇るロシアンマフィアでさえ、極東地域では東北マフィアと連携せざるを得なくなり、麻薬取引や拳銃密輸をはじめ各種密貿易を東北マフィア経由で行っている。ロシアンマフィアの多くは、以前から深く交流してきた香港マフィアとはモスクワやウクライナに限定してビジネス展開するなど両面外交に徹しているという。

このほか、東京・秋葉原《あきはばら》で大量に購入したパソコン用チップを北朝鮮向けに密輸しようとした山東省マフィアが、暴力団や北朝鮮への橋渡し役を東北マフィアに依頼し、大連港を経由して北朝鮮に運び込むことに成功している。

こうした実績を踏まえて、周辺にいる小勢力のマフィアが次々と東北マフィアの軍門に降《くだ》り、服従・連携態勢を強化している傾向が見られる。

山東省マフィアの名前が挙がったことで話はやや横道に逸《そ》れるが、興味深いエピソードをお伝えしておこう。

「王将」の裏工作を担当したU氏が食い込んだ事件として八九年の「王将」戎橋店の火災の話を紹介したが、この火災の後始末が不十分で、民事訴訟上は和解したもののトラブルの火種は消えておらず、今回の事件に繋がったのではないかと、捜査本部は一時期、焼死したオーナー夫妻の遺族ら関係者を調べていた。

大東氏が撃たれた時刻が、戎橋店で火災が発生したのと同じ午前五時四十五分頃だったため、細かいことにこだわりを見せる山東省マフィアの犯行説が囁《ささや》かれ、それを真剣に考えて調べていた捜査員がいたというから驚く。


今回の事件では、「王将」の大連新規開店用地確保のために動いたコーディネーターの一人が北朝鮮の息がかかったメンバーだったことから、北朝鮮工作員犯行説が流れたこともあった。

特に、そのコーディネーターが王将事件の一週間前の一三年十二月十二日に処刑された張成沢《チャンソンテク》・元国防委員会副委員長の系列に属する人間だったことから、捜査本部は北朝鮮の動向を注視。中でも王将事件の捜査に加わっている公安警察は、大東氏が北朝鮮内部の抗争事件のとばっちりを受け殺害された可能性も捨て切れないとして、拳銃密輸ルートの解明や北朝鮮工作員の動向などを調べていた。

金正恩《キムジョンウン》第一書記の親族（叔父《おじ》）で事実上のナンバー2だった張氏は生前、何回も偽名を使って中国入りし、北朝鮮と中国のパイプ役としてビジネスから政治工作までさまざまな活動に従事したが、その拠点となる場所はいつも大連市であった。

張氏の罪状はクーデターなどさまざまだが、金第一書記とその側近が最も気にしたのが中国への資源売却と多額の資産隠し、つまり裏切り行為である。

ところで、北朝鮮工作員による犯行が疑われた理由は、コーディネーターの存在だけではなかった。その大きな理由の一つが、小型拳銃の使用である。北朝鮮系ヒットマンの中には、在日韓国人に扮《ふん》して日本国内に潜伏し、上層部の指令により暗殺や破壊工作などを行う「スリーパー」と呼ばれる潜入破壊専門の特殊工作員がいる。彼らは武器を目立たないように持ち歩くため、二十二口径や二十五口径のような小型拳銃を使うことがあるからだ。

そのため、日本の公安警察は日本国内の張氏の協力者や朝鮮総連関係者らの行動を徹底的にマークし、張氏処刑の一か月前から王将事件までに期間を絞って行動範囲や交友関係の洗い出しを行ったが、特に不審な点は出て来なかった。

女殺し屋「抱きつきのリン」

「実行犯はカネで雇われた中国人ヒットマンや思うとる」

捜査本部では早い段階からそうした声が出ていたことは、既に述べた。

中国人ヒットマン派遣組織は、日本国内にかかわるものとして警察当局が把握している分だけで四つの系統があるとされている。

それぞれのボスは大連や上海など中国大陸にいるため、在日中国人の代理人を通じて、依頼主からの要請、注文を受け付ける。日本の闇社会の中にも、首都圏地域は序章で紹介した「林」、関西地区は王将事件で凶器として使われた二十五口径自動式拳銃を〝調達〟した疑いのある大阪在住の暴力団組員といった具合に、在日中国人の代理人に繋ぐ〝橋渡し役〟がいる場合もある。

過去に中国人ヒットマンへの依頼を仲介したことがあるという関西の暴力団関係者によれば、ヒットマンの成功報酬は一人当たり三百万から四百万円が相場で、標的がSPやボディガードに囲まれているようなVIP（重要人物クラス）になると、報酬もグーンとはね上がって、一千万円単位になる。依頼主は契約書を交わして決めた成功報酬の半分を手付金として中国大陸のボスに送れば、状況や条件に応じた中国人ヒットマンを送り込んでくる仕組みである。

標的に関する情報収集や現場の下見、拳銃など凶器の準備、逃走の手引きなどについては、依頼主が日本の暴力団など闇社会の面々であれば、依頼主またはその意を受けた日本側の組織が行い、依頼主が組織と関係ない素人の場合はヒットマン組織の在日代理人が請け負って、関係ある暴力団組長らに改めてサポートを依頼する。もちろんすべてが有料であり、後者の場合は代理人がサポート費用を上乗せして請求することになる。

いずれにせよ、ヒットマン自身は標的と直接的な関係はないし、標的を殺害後に直ちに出国するため、アシが付く心配はまずない。後は残金を振り込めば、何の痕跡も残らないというわけだ。

今回の王将事件でも、実行犯は瞬く間に闇の彼方《かなた》に消えてしまった。

ただ、捜査本部が事件前後の近隣空港における出入国記録を洗ったところ、事件前日に関西国際空港から入国し、事件当日のうちに同空港からトンボ返りした不審な中国人女性の存在が浮き彫りになっていた。

ヒットマン派遣組織の内情に明るい前出の暴力団関係者の証言によれば、出入国記録にあった女性と同年代で、本社前カメラに映し出された「背が低く、細身で長髪の女」は、彼が思いつく限り一人しかいないという。

「それは、至近距離からの連射を得意技とし、『抱きつきのリン』との異名を持つ女殺し屋ではないか」

確かに実行犯が女性なら、プロらしからぬ小型拳銃の使用も納得できる。まして「抱きつきのリン」と呼ばれる近距離からの連射技術を持つプロなればこそ、出血多量で生命は助からないが絶命までに時間がかかり、まさしく苦しみながら死ぬように銃撃するという、極めて難しい要求があったとしても、見事にこなすことができたのだろう。

そして、暗闇で接近しても女性ゆえ怪しまれず、フルヘルメット姿でバイクを疾走させれば、正体どころか性別さえ見破られる危険もなく逃走できるだろう。

「抱きつきのリン」は少なくとも、「フィリピンとタイ、カンボジアで地元の企業トップを同じように至近距離からの連射で暗殺した経歴を売り物にしていた」（中国人ヒットマン組織に詳しい暴力団幹部）というが、いずれも確証を残しておらず、逮捕どころか指名手配さえされたことがないという。

それゆえ警察側の捜査資料がほとんどなく、ヒットマン派遣組織や仲介する暴力団関係者のセールストークしか分からないが、「抱きつきのリン」は中国東北部出身で東北系マフィア傘下の中国人ヒットマン組織に所属。通常は大連か瀋陽近辺を根城にし、アジア各国を中心に要請に応じて派遣されていくという。

この種のヒットマンの経歴としてはよく見られる軍歴とか傭兵《ようへい》歴はなく、警察など銃器を扱う部門に勤めた経験もないといい、拳銃の扱い方をどこで誰から習得したのかが謎に包まれた人物である。

「あの『抱きつきのリン』は、中国残留孤児の『リン』さんの姉が若くして産み落とした女の子の子孫に当たる人物で、〝生まれてきてはいけない人間〟として『黒道』が庇護《ひご》していたのを、東北マフィアのボスが拾い上げ、女殺し屋として育てたんやないか」

とは、本章冒頭で紹介した「潮田」と一緒に、日中両犯罪組織の〝橋渡し役〟を務めている別の暴力団幹部の話であるが、にわかには信じられない怪情報だ。

「リン」さんのインタビュー後に聞いた話だったので、念のため「林」を通じて「リン」さんに問い合わせをしたが、今のところ答えは返ってきていない。

万に一つもないと思うが、もし「抱きつきのリン」が件《くだん》の老婦人と血の繋がりがある人間で、ほんのわずかであっても私怨《しえん》とか私憤が含まれた犯行だったとしたら、王将事件は全く違ったものになってしまう。

さて、実行犯が中国人ヒットマンだったとしても、事件の黒幕はいったい誰なのか。そして、その犯行動機は何だったのか。

前述したように、「王将」が中国・大連に進出した際、地元のコーディネーターへの謝礼やマフィアへの仲介料をめぐってトラブルになり、企業トップを殺害したという説は一応、筋が通っているように思える。

特に「王将」側から一方的に特別成功報酬の約束を反故《ほご》にされた地元のマフィアが、激怒して自ら「王将」本社を訪れ、大東氏に直談判して約束の履行を求めた。しかし、断固拒否されたため、憤りと裏切りの制裁、見せしめとして殺し屋を送り込んだのではないかとの見方は分かりやすい。

理不尽にも大東氏が拒否した結果が四発の銃弾だったとすれば、その四発は「王将」が当初、大連にオープンした主力の四店舗を象徴させたマフィアらしい犯行だったのかも知れないし、「トップを殺《や》ると話が進まなくなるというのは日本的発想で、トップを殺ればほかの者はビビって言うことを聞くというのが外国人犯罪組織の考え方。単なる実行犯としてだけでなく、犯行動機を持つ者の中にも外国人の影がチラついているのではないか」（組織犯罪を担当する捜査員）という声も、妙に説得力を持っている。

このほか、大東氏が大連のマフィアとのトラブルの仲裁役を依頼した暴力団幹部と、その幹部が闇社会ルートでトラブル収拾を要請した大連在住の中国人実業家に対する謝礼の金額や支払い方法をめぐって揉めていたといい、意趣返しに中国人ヒットマンを雇ったという疑いも捨て切れていない。

即ち、この事件は実行犯こそチャイニーズマフィアであるとしても、実は、背後で日本人が深く関与している様子が窺えるからだ。そこには日中両国に跨《また》がるドロドロとした欲望と思惑が蠢《うごめ》いており、それを巧みにコントロールする闇社会のルールを守らなければ、マフィアならずとも犯罪組織を引っ張る者であれば激怒するのは当然だろう。

大東氏は事件当時、財布や車内に数十万円ずつ小分けにした形で百数十万円という大金を所持していたことは既に述べた。会社や店舗、社長宅などに大東氏宛《あて》の脅迫状や殺害予告文などが送りつけられた形跡はなかったが、大東氏が殺害される数か月前から、「人権団体」を名乗る面々に付きまとわれていた様子が窺われることを前章で述べた。

会社側によれば、大東氏が日頃から持ち歩いていた金額が少し増えていたというから、その連中に渡していた可能性が高い、と今では捜査本部も見ているという。

「コクドーって何や？」

大東氏は巡回先の店の従業員にそう漏らしたが、「コクドー」＝「黒道」のメンバーが大東氏の周辺をうろついていたのだろうか。

「黒道」が揺さぶりをかける

ところで、序章で〝衝撃告白〟を行った老婦人は、その後、どうしたのか。

残留孤児仲間と二、三世をはじめ、在日中国人、中国東北部出身者で作る半グレ集団の面々、大連の中国人実業家などを通じて、老婦人の自分の出生地や家族のことを知りたいという願いや気持ちは東北マフィアのボスの耳まで届いていた。

しかし、「カトウ・アサオ」のその後の足取り調査はなかなか思うようには進まず、加藤朝雄氏の方も日本に帰国後に一部の中国残留孤児帰国者たちと交流を持っていたことは分かったものの、それ以上の調査結果が出なかった。これは老婦人にとって芳しいものとは言えなかった。

しかし、老婦人の方も何としてでも「カトウ・アサオ」が加藤朝雄氏と同一人物であることを突き止め、加藤氏や「王将」に何かをしてほしいという考えを持っていたわけではなかった。東北マフィアのボスが幹部を通じて老婦人に対し、「王将」から慰謝料代わりのカネを取るなどさまざまな形で謝罪を取り付けることを提案したが、老婦人は同一人物である証拠はないとして、悉く辞退したという。

それとは別に、この老婦人は時々、友人や知人に悩みごとや今後の生活ぶりを相談していたが、その一人がかかわっていたのがキリスト教系の地下教会であった。

即ち、前述した通り、中国で戸籍のない子供を救済してきた「黒道」のメンバーたちであった。老婦人の悲しみは知らないうちに彼らの反日運動に吸収されてしまった。と言うよりも、「黒道」が老婦人の悲劇的な過去を利用して、大東氏や「王将」側に何らかの働きかけをして揺さぶりをかけようと考え、実際、接触し始めていたようなのだ。

「黒道」は、中国政府が二人目以降の子供たちの戸籍を認めず、人身売買の対象となっている事実を黙認していることや、憲法上は認めているはずの信仰の自由を許さず、地下教会を弾圧しようとしていることへの反対運動を行ってきたが、それらの動きがいつの間にか反日運動に転換していたのである。

経済成長した中国では人件費が高騰し、労働者は権利意識に目覚め労働争議を行うようになった。さらに土地代も上昇したため、外国資本からすれば魅力は半減し、軒並み、八〇年代から続けてきた低賃金労働者を使った大量生産方式を見直さざるを得なくなった。日本企業はまだ中国市場に期待しているところがあるが、欧米では利点を失った中国に見切りをつけ、早くも撤退する企業も出始めているのが現状だ。

中国人は、外国企業が来たお蔭《かげ》で雇用は安定し、生活も豊かになり良かったとの感情を持つ半面、外国企業は中国人を不当に安い賃金で搾取したり平気で環境を汚染したりしたと抗議を始めている。最初に仕事に就いた頃や儲《もう》かっている時はいいのだが、自国の経済失速で生活が苦しくなれば、フラストレーションが溜《た》まって爆発するしかない。

中国政府は、政府や自国の国有企業に対する暴動や抗議には厳しく対応するが、日本をはじめ外国資本への批判は黙認するどころか、煽ることによって、自分たちへの批判や抗議を緩和させようとしているフシが窺われる。

そうした中で誘拐、殺人、工場占拠、爆弾テロ……と市民の抗議活動も次第にエスカレートし、中国政府も抑え切れないところに来ていると言っていい。

「黒道」をはじめ、どんどん巨大化している反政府・反日勢力に対して、中国政府は国内で暴動やテロを起こせば徹底的に弾圧している。その代わり日本を筆頭に国外へ流出していくことには寛大であり、むしろ暗に〝勧めているような形跡〟さえ窺われるほどなのである。

もし、王将事件がそんな反日行動という流れの延長線上で起きたものだとすれば、日本政府や警察当局は深刻な事態が到来しつつあることを認識しなければならないが、今のところ、そうした意識は極めて薄いと言わざるを得ない。

しかし、「王将」という会社を取り囲み、その利権を虎視《こし》眈々《たんたん》と狙っている犯罪組織の面々は、既に「黒道」をはじめとする反日活動家たちを巧みに操りながら、さらなる悪巧みを抱いていたのだ。

第7章　新華僑コネクション

バンコクで夜の密談

二〇一一年六月。タイの首都・バンコクは夜になっても暑苦しさが治まらなかった。

市内の中心部を走るBTS（スカイトレイン）シーロム線のサラデーン駅北側に広がるタニヤ通り地区は、居酒屋から鮨屋《すしや》、ラーメン店、焼肉レストランまで日本人向けの飲食店がずらりと立ち並ぶ歓楽街として知られている。

それだけに、バンコクにある商社やメーカーの駐在員、定年後のロングステイを楽しむ老夫婦、現地で飲食店や雑貨商を営む中年男性など、故郷を離れて久しい日本人たちが情報と懐かしき日本語での交流を求めて大勢集まり、蒸し暑さを吹き飛ばすほどの盛況ぶりを見せていた。

怪しげな日本語が混じるホステスたちの嬌声《きょうせい》が響き、日本語の看板が林立する路地裏を抜けた先に、居酒屋と鮨屋、大衆割烹《かっぽう》を足して三で割ったような一軒の飲食店があった。その店の奥にある小座敷のような場所で、三人の男がビールや焼酎《しょうちゅう》を飲みながら食卓を囲み、活発な意見交換を行っていた。

一応、座敷の上座に当たる席に着いていたのはこの日、東京から飛行機でやってきた四十代半ばくらいの暴力団幹部で、その向かい側に座り、顔を突き合わせるように小声で話していたのが、シンガポールで金融業兼投資コンサルタントを営んでいる三十代後半の同じ暴力団系の企業舎弟であった。そして、二人の間に入って仲を取り持つように酒を注いだり料理を注文していたやや若い男が、バンコクでカラオケボックスやキャバクラ店の経営を任されている半グレ集団の元幹部である。

この後、三人はバーやラウンジを二軒ほど〝はしご〟したが、酒を楽しむというよりは夢中で話し込んでいる感じだったという。

こうしたミーティングは年に二、三回行われるようだが、この夜、何を熱心に話し合っていたのかは分かるはずもなかった。だが、三人が共通してかかわりを持つ暴力団の関係者の話を総合すれば、ある程度の内容を推定することは可能だ。

三人が関与する暴力団の場合、暴対法や暴排条例の施行で経済活動がやりにくくなった日本国内に見切りを付け、海外でのビジネス展開に力を入れ始めていた。

主な活動先は件《くだん》のタイをはじめ、カンボジアやマレーシア、シンガポール、フィリピンなどで、連携する別の暴力団の中にはこれらの国々に加え、ミャンマー、インドネシア、ベトナムなどに進出している組織もあるという。

「海外進出が成功するかどうかは、現地の犯罪組織との連携はもちろんやが、政府とか警察、軍なんかともうまくかかわっていかないとあかん。それと日本企業が進出しとって、日本人を中心とした顧客をいかに摑めるかやな。飲み屋に女、ギャンブル、どれをとってもまず、日本人に客として来てもらわなあかんからの」

そう話すのは海外のビジネス情報に詳しい暴力団関係者。こうも言う。

「今はどこに行っても、中国人だらけ。ビジネス、観光、現地で働く男も女も皆、中国人や。だから、どこにもチャイニーズマフィアがいる。奴らとうまく折り合わなきゃ生きていけんが、いきなりマフィアと差しで付き合うのは難しいから、現地の華僑《かきょう》とか中国系の半グレ連中とは仲良くせにゃならん。言葉の問題もあるし、結構気を遣うんでしんどい仕事やけど、ゼニ儲けのためと開き直ってんのや」

この暴力団関係者によれば、山口組や住吉会など日本の主な暴力団は一九八〇年代初めから海外進出を果たしていたが、たとえば日本にホステスや売春婦として送り込む女性の調達や拳銃の供給地としてフィリピンに組員を常駐させたり、台湾に事務所を構えて覚醒剤や拳銃を密輸したりする程度だった。

中にはフロント企業が現地で不動産会社や飲食業などを経営し、まずまずの収益を上げた時期もあったが、バブル景気で日本経済が潤い、国内でも十分に稼げるようになると、利に聡《さと》い暴力団は次々と縮小・撤退していったらしい。

ところが、暴対法や暴排条例の施行により、これまで日本国内で暴力団の主要な資金源であったみかじめ料（用心棒代）徴収や恐喝行為はもとより、暴力団との取引はいかなる理由があろうとも禁止されてしまった。

そのため暴力団や系列の企業舎弟は新たな資金獲得活動（シノギ）がやりにくくなったほか、これまで稼ぎ貯めてきた「ヤクザマネー」の行き場を失ってしまったのだ。資金力を持った暴力団の多くが、日本での経済活動に見切りをつけて、海外に目を向けていったのは、ある意味、必然的であった。

そんな暴力団をはじめ闇社会の面々にとって現在、人気が高い国はタイ、マレーシア、そして、最近は特にカンボジアの人気が急上昇なのだという。

タイは古くから日本とさまざまな分野で交流があり、現地に法人や事務所、工場などを置く日本企業も多い。暴力団から見ても〝稼ぎやすい場所〟だったが、最近はタクシン元首相支持派と反対派の対立による政情不安もあって、人気に陰りが見られるという。

そのタイに代わり人気ナンバー1になったのがマレーシアだ。治安が比較的良好で、気候も落ちついていて、物価は日本の三分の一程度。首都・クアラルンプールや観光地のペナン島なら日本語で受診可能な医療機関もあり、ロングステイを希望する日本の中高年層の「滞在したい国」ではタイを抑え、八年連続でトップを占めている国である。

暴力団からしても、日本人が多ければ〝稼ぎ〟が増えるわけだし、政府は長期滞在者を積極的に誘致するため、観光・商用目的なら九十日以内の滞在はビザを不要としている。さらにロングステイ専用のビザを取得すれば、最長十年間は配偶者と二十一歳未満の子供なら同行して滞在が可能となっている。

しかも、陸路で簡単に行き来できる隣国・シンガポールは世界の金融センターとして知られ、金融・投資・詐欺を含めてビッグビジネスがゴロゴロしている地域であるし、マネーロンダリングの拠点でもあるだけに、暴力団にとっても「垂涎《すいぜん》の街」と言える。

暴力団の間で最近、そのマレーシアをも凌《しの》ぐほど高い人気を誇っているのが何と、カンボジアなのだという。

長年にわたる戦乱で国土が荒廃し、政治的にも未《いま》だ不安定な状態が続いているため、日本からの観光客こそ少ないが、日本企業の進出は意外と多い。その日本人ビジネスマンを目当てにした飲食店やカラオケボックスを経営したり、非常に安い学費で学べる日本語学校を設立し、貧しい農村部などから集めた若い男女を肉体労働者やホステスとして日本に送り込む暴力団関係者が急増しているという。

社会資本の整備が不十分な地域だけに土地代とか人件費が安いし、政治体制が整わない段階ゆえに、政治家や官僚、警察幹部、軍上層部などに賄賂《わいろ》をばらまき、接待漬けにしておけば、何でも要求が通り、やりたい放題なのだ。

それでカンボジアの首都・プノンペンには今や、主な暴力団の現地事務所や、フロント企業のオフィス、中国系半グレ集団「怒羅権」のアジトが立ち並んでおり、かつて山口組最高幹部の一人で東京進出をなし遂げ、組内でも一、二を争う武闘派と言われたG組の、引退したはずのG組長まで密かに拠点を構え、活動している。

　これらの情勢から、三人が集まり額を寄せ合って話す中身は大方、新しいビジネス計画か、既存店の売り上げアップ戦略、はたまた次なる悪巧みの相談であろうことは、想像に難くない。

　東南アジア諸国では――もちろん欧米や中国、中南米・アフリカ諸国でも同じではあるが――日本の暴力団の名前が持つブランド力、豊富な資金量に基づく購買力、世界に広がる人脈への信頼感は、まだまだ根強いものがある。

　そんな暴力団と組みたがる外国人犯罪組織も多く、海外では当然、暴対法が適用されないため何でもできる強みがあり、海外諸国における暴力団や企業舎弟の力はますます勢いを増すばかりである。

　中でも日本国内で十分にシノギができず資金繰りが厳しい暴力団のメンバーを中心に、日本の企業や老舗《しにせ》商店、年金資金を捻出するのに四苦八苦の各業界ファンド団体を標的にし、多額の資金を騙《だま》し取るマネー犯罪を画策している連中が現れた。

　かく言う前出の三人組の話の中にも、複数の企業や老舗商店の名前が出ていたといい、彼らも海外から日本の企業や富裕層を狙って詐欺や恐喝、そして拉致・監禁、殺人さえ厭《いと》わない「外舎弟」と呼ばれる新しい勢力を形成しつつあることが捜査当局の調べで分かっている。

そして、彼ら「外舎弟」が標的として挙げている企業の中に、「餃子の王将」の名前が含まれていたのである。

ゴルフ場乗っ取りの陰で

私は前章で、「王将」が中国東北部の大連市に新規店舗をオープンさせ、念願の中国進出を果たした裏側に、さまざまな思惑が秘められていた可能性を指摘した。中華料理の本場に殴り込みをかけるという飲食業界人としての誇りや矜持《きょうじ》に加え、東北部開発を進める中国政府の要請、急激に発展し日本企業も多く進出している大連ならば成功するとの計算や確信といった政治、経済的背景も述べてきた。

そのうえで、「王将」創業者・加藤朝雄氏が太平洋戦争末期に中国大陸に出征した時と同じ頃にあった出来事を、前出の中国残留孤児だった「リン」なる老婦人から聞いて、彼が「王将」海外第一号店を大連市に開くことにこだわった真の理由が分かったような気がした。

日中両犯罪組織間の仲介役を務める男で、その老婦人を私に引き合わせた前出の

「林」などは、私と当事者である老婦人の慎重な言い方に苛立《いらだ》ちを隠さず、「加藤なる人物は、終戦直前の満州での出来事を後悔し、『リン』さんの母親が振る舞ってくれた餃子の味が忘れられなかった。その思いから帰国後、餃子を作ろうと思うようになったに違いない」という大胆な発言をぶつけてきたほどである。

しかし、その老婦人が後に実姉や養父母などから聞いた話では、「カトウ・アサオ」なる軍人が自宅に出入りし、食事をしたことがあるという以外は、後に姉への性的虐待の話が出てきたものの、具体的な有力情報は得られなかった。

そして、結局のところ、老婦人が知人らに依頼した調査でも、それ以上の確固たる事実は突き止められなかったのだ。

若い頃に加藤氏から直接、「そもそも中華料理店を経営したかった」とか、「横浜市の中華街にある中華料理店で働いたことがある」などと聞かされていた大東氏は、射殺されてしまったので当然、話を聞くことはできない。

また、捜査本部の取り調べや私の取材した限りにおいては、加藤氏や大東氏がほかの家族や周囲の人間に対して、中華料理店の経営や餃子作りを志した本当の理由を語ったことはなかったようである。

こうなると、大東氏が死亡したことは返す返すも残念であるし（もっとも、大東氏が殺害されなければ、こんなことを調べることはなかったが……）、別の視点から見れば、大東氏を殺害した動機の背景として、その辺りの事情、つまり、大東氏に何らかの対策を講じさせたり、真実をしゃべらせたりしないという目的が隠されているのではないかという疑念さえ生じてくる。そう思うのは、私だけであろうか。

「王将」創業以来の強引な経営戦略への社内外の反発、急激な店舗の全国展開などに絡む闇社会との軋轢《あつれき》と癒着、不動産投資など経営多角化に失敗して退陣に追い込まれた三代目社長ら創業家一族と後任社長・大東氏との確執、会社再建の名の下に断行された資産売却や不採算店閉鎖、従業員酷使、取引業者切り捨てといった合理化策に対する怨念《おんねん》、大東氏の肝煎《きもい》りで進めた中国・大連進出の失敗とチャイニーズマフィアとの対立……。

これまで私は王将事件の犯行動機と思われる出来事をいろいろと書いてきた。いずれも深刻な問題を内在し、いつ恐喝や傷害などの事件に発展してもおかしくないようなトラブルが多かった。これらについては捜査本部も関心を抱いて徹底的に調べたが、企業トップの殺害に繋がりそうなものは少なく、もしあったとしても、時期的に古くて、なぜ一三年末に発生したのかを納得させる材料に乏しかった。

捜査本部の見解もほぼ同じであり、今を以《もっ》てしても犯行動機を摑み切れていないのが現状だ。

ただ、犯行手口や現場の状況から、実行犯が中国人ヒットマンである可能性が高く、そうした中国人ヒットマン派遣組織が、「王将」が進出を果たした中国東北部・大連市周辺に存在することが分かった。

二十五口径自動式という小型拳銃を使って至近距離から四発連射した手口、現場付近の防犯カメラに映った人影の身体的特徴、事件前後の出入国記録から不審な中国人女性の存在が浮かび上がった。中国人ヒットマン派遣組織の内情に詳しい関西闇社会の情報などによれば、至近距離からの連射を得意技とする「抱きつきのリン」との異名を持つ女殺し屋の名前まで流れているほどだ。

だが、犯行こそ中国人ヒットマンの仕業であるとしても、その背後で日本人がかかわっている様子が窺えることも指摘した。

まず、大東氏が大連のマフィアとのトラブル仲裁役を依頼した日本の暴力団幹部の存在がある。この人物とは謝礼の金額をめぐって王将事件が起きる前まで揉《も》めていたとの情報もあり、意趣返しに中国人ヒットマンを雇った疑いが捨て切れなかったからだ。

だが、もっと事件に直結したところに、「王将」周辺にいる日本人がいたことが判明した。中国人ヒットマン派遣組織と「王将」が意外なところで接点があったのだ。

それは、「王将」三代目社長が過剰融資を行った結果、失脚することになった元凶の福岡県のゴルフ場運営会社であった。

このゴルフ場は一一年六月、民事再生法を申請し、新たなスポンサーを探し始めたが、その動きを妨害し、ゴルフ場の乗っ取りを図る勢力が出現したことは、第5章で述べた通りである。

その勢力の中にいる主要人物が、現在の山口組六代目組長の出身組織・弘道会に連なる武闘派組織の傘下で活躍する企業舎弟であることは、捜査本部も突き止めており、既に内偵捜査を進めていた。

この企業舎弟は中国相手のビジネスに強く、中国共産党幹部やチャイニーズマフィアにも繋がっていると見られている。

しかも、大連市に拠点を置く中国人ヒットマン派遣組織の在日中国人の代理人とも親しく、日本での仕事依頼のとりまとめを手助けしたり、犯行時の見張りや下見、逃走幇助《ほうじょ》などサポート役の調達にも協力するなど「ツーカーの仲」(企業舎弟の系列下にいる半グレ集団のメンバー)と評されている人物だった。それどころか、ヒットマンの成功報酬などを中国本国に送金する「影の銀行」業務を陰から支援しているとも言われ、両者の関係は極めて強いと見られる。

そのうえ、大連市にいるヒットマン組織のボスや、その上に君臨する東北マフィアのボスクラスの人間とも直接会ったことがあり、携帯電話やメールなどによるホットラインが繋がっているとされる。

因みに、この企業舎弟が親しく付き合っているという中国人ヒットマン派遣組織の日本にいる代理人は同胞、つまり中国人しかなれないのだが、最近では中国残留孤児二、三世で構成する中国系半グレ集団「怒羅権」の幹部メンバーが務めているという。

ところで、この「怒羅権」とは、王将事件の一年前に「王将」金沢片町店を舞台に全裸写真ネット流出事件を起こしたショーパブの元オーナーらがメンバーだったという半グレ集団でもある。

個々の〝おバカ事件〟として考えていた時には全く気づかなかったが、王将事件の前兆として捉えてみると、この金沢における嫌がらせ事件も、福岡県のゴルフ場問題に絡んでいた可能性が捨て切れないことが分かった。

この「怒羅権」は暴走族出身者で作る集団ながら、一時は「関東連合」とともに暴力団をも凌《しの》ぐ勢力を示していた。ところが、東京・六本木のクラブでの撲殺事件を契機に、警察当局の摘発を受け、大量の逮捕者を出すとともに警察庁によって準暴力団に指定されてしまった。

そのため、これまでのような活動が出来なくなると、チャイニーズマフィアや中国政府関係者、中国共産党幹部らと連携し、日中、いや国際犯罪シンジケートの結成を目指し、その〝闇のパイプ役〟を果たそうと暗躍しているという。

この事実に関しては後述するが、一つだけ言えば、本章冒頭で紹介したバンコクで密談していた三人のうち、タイでカラオケボックスなどを営む男が所属していた半グレ集団は「怒羅権」であった。

さて、この山口組系の企業舎弟は、ゴルフ場運営会社代表取締役のU氏が自分たちの買収攻勢に対抗するため、盟友だった加藤朝雄氏の妻、つまり大東氏の姉に融資を求めたことを察知した。

そして、それを妨害するため、大東氏の姉や加藤家の面々にさまざまな形で圧力をかけ続けた。姉から創業家の窮状を聞かされた大東氏は警察を訪ねて相談したり、その企業舎弟とは反対勢力になる暴力団関係者に問題解決の斡旋《あっせん》を頼もうと動き出した。

企業舎弟は、そのことで大東氏のことを邪魔な存在と考えて、身内も同然という親しい在日中国人の代理人を通じて中国人ヒットマン派遣組織に、大東氏の殺害を依頼したのではないかという疑いが、ここに来て急速に浮上してきたのだ。

すべてが連動していた

この王将事件が闇社会による単純な企業恐喝事件や、嫌がらせと金銭奪取を目的とした犯罪行為ではないことは明らかであろう。

それは、有望な資産や将来性豊かな利権、そして、確実に入ってくる多額の現金収入などを持つ日本の有力な企業を狙って、日中両国の犯罪組織ががっしりと手を携え、一つのチームを組んで行った「新しい企業テロ」犯罪と言ってもいいのではあるまいか。

暴対法や暴排条例の施行で国内での資金稼ぎの機会を失った暴力団や企業舎弟は、大きく分けて二つの新たな行動を起こした、とされている。

一つが新たな資金獲得方法（シノギ）を模索し立案、起業するため、高い学力とさまざまな専門的知識を持った「カタギ（堅気）」の取り込みに全力を注いだことである。

ＩＴ機器を駆使した金融取引が手っ取り早く巨額な資金獲得に繋がると考えた新世代の暴力団幹部たちは、高度な金融知識を持ったトレーダーや証券会社ＯＢ、ネットを主たる手段としている金融業者、仕手筋などを多額の成功報酬など好条件でスカウトし、「ヤクザマネー」の運用を任せ、大きな利益を上げている。

もちろん、ヤクザがやることだからまともな金融取引だけを行ってきたわけではない。全くの嘘か実体のない投資家向け情報を流したり、見せ金を使った架空増資などで株価をつり上げ、ほとんど価値のない株を大量に売り捌《さば》いたり転がしていくといった株価操作などは、まだ序の口である。

経営難に陥った会社を乗っ取って資産を丸ごと吸い尽くして潰したり、稼働実態のない休眠会社やペーパーカンパニーをブローカーを通じて買い取り、登記簿上の資本金を架空増資で水増しして大会社に見せかけたうえで、転換社債を大量に売りつけるという投資詐欺を働くなど、まさにやりたい放題の有り様である。

こうした暴力団の資金獲得活動に協力する「カタギ」の専門家たちを、警察当局は「共生者」と呼んでいるが、現代のシノギにはこの共生者の存在が不可欠になっているると言っていいだろう。

このほかにも、暴力団が〝仲間〟に引き入れた専門家としては弁護士、税理士、公認会計士、司法書士、行政書士といった「士業」家たちが挙げられる。

彼らはそれぞれ専門知識と国家資格を活用して、標的となる企業を探し出し情報を収集して、相手を詐欺話などに取り込む手助けをする。暴力団の幹部風には見えないソフトな紳士面をした企業舎弟が多いとはいえ、いかにも怪しげな男が単独で企業を訪ねるより、弁護士とか公認会計士の肩書を持った人間を同道した方が受けもいいし、信用されることは間違いない。

また、偽造した書類を役所に届けたり、マネーロンダリングや脱税の手助けをしたり、挙げ句の果ては逮捕された後の取り調べへの介入から公判の段取り、資産隠しの手ほどきなど、専門家ならではの仕事が山ほどあるのが実情で、彼ら「共生者」なくして新世代の暴力団や企業舎弟は生きられないと言えよう。

こうした専門家を必要としているのは何も暴力団だけではない。チャイニーズマフィアを筆頭に外国人犯罪組織の面々も、さまざまな許認可申請や登記手続きなどを行うため、しかも公文書を偽造・改ざんするなどの「ノウハウ」付きの要望を満たすのに必要な人材である「士業」の方たちに声をかけてくるという。

最も多いのが自称・中国人実業家であるといい、「うちのグループ会社の傘下に入って、思う存分、腕を振るってみないか」と破格の好条件で勧誘され、経営難に苦しむ専門家の中には心を動かされる者も多い。だが、何と言っても、難関を突破して取得した国家資格なだけに、そう簡単に手放すリスクを負った仕事に手を伸ばす者はいない。

そんな専門家たちをなかなか調達できないでいた外国人犯罪組織に手を差し伸べたのが暴力団で、自分の傘下にいる「士業」たちを貸し出し、マフィアの犯行を手助けする代わりに、海外での拠点作りや共同で犯罪を行う約束を取り付けるなどタイアップ戦略を提案し、合意を取り付けたのだ。

もう一つは、前述した通り、積極的に海外進出を図り、グローバルな視点からビジネスを行い、活路を見出《みいだ》したことである。

特に、中国政府関係者や駐日中国大使館・総領事館関係者の〝実質支援〟を受けて各地を支配するチャイニーズマフィアや中国系半グレ集団との連携を強化。一大国際犯罪シンジケートを結成しようと動き出したというから、なかなかスケールの大きな話である。この王将事件の背景には、そうした国際犯罪シンジケートの存在が常にチラついており、それがこの事件を一層複雑で難しいものにしてしまったことは事実である。

この動きには、来るべき中国バブル経済の崩壊を見越して、多額の資産とともに海外へ脱出し始めた中国富裕層やその子弟らでつくる「新華僑《かきょう》コネクション」も密《ひそ》かな支援や協力を申し出ているとされ、未だ水面下の動きが大勢で顕著な動きを見せていないものの、米国や欧州、中東諸国の一部、香港、シンガポールなどの国際金融市場では、早くも警戒を強める兆候が出始めているという。

本章冒頭に記した暴力団幹部や企業舎弟もそのうちの一人であり、彼らが所属する犯罪シンジケートではかなり早い段階から、合法的に獲得できる〝カネの成る木〟の一つとして、「王将」に目をつけていたと見られている。

「福岡のゴルフ場への約九十億円もの過剰融資をはじめ、負債が四百七十億円にも膨れ上がって『王将』が潰れかかった時、実は、裏の世界（闇社会）でも激しい争奪戦が繰り広げられていたんや。ワシらの世界ではまだ時効になっとらんから詳しいことは言えんが、まあ、簡単に言えば、潰して乗っ取るか、助けて乗っ取るかの違いやな。亡くなった大東はんは『知人が五十億円支援してくれた』と喜んどったようやが、あれはそんな美談やないんやで。カネを出した本人も裏事情は知らんのやが、ほんまは〝助けて乗っ取る派〟の陰謀なんや。自分でしゃべってても怖くなるわ」

そう明かすのは、関西の「生き字引」とも言われる暴力団系金融業者。こうも言う。

「もっとも、返すアテもつもりもないのに、『王将』のボンボン社長から九十億円も引っ張ったUさんも、相当なタマやけどな。あのゴルフ場をめぐる奪い合いは未だに続いとるようやから、いくら資産価値が高い言うても、よっぽど何かいいことあるんかな」

ここで言う乗っ取りとは、標的とする会社の株式を大量に買い占め、自派の役員を送り込むなどして経営権を奪うことではない。会社の株式の売買取引をめぐって仕手戦を繰り広げ、多額の投資益を手にするか、大量の株式を購入して会社を支配下に置き、さっさと資産などを売却して得たカネを持ってドロンする行為を指しており、いずれにしても、会社をしゃぶり尽くすことに変わりはない。

ところで、これら悪党たちが早い段階から「王将」を狙っていたことを示す「もう一つの証拠」は、加藤朝雄氏がアジア諸国からの留学生に奨学援助する目的で九三年に設立した「加藤朝雄国際奨学財団」にも見て取れる。

「王将」ではこの奨学金制度を活《い》かしてアジア近隣諸国との人的交流を図り、それを礎に相互の理解と信頼を深める目的で留学生への奨学援助を行うとともに、中国人従業員などの受け入れをしている。

この暴力団幹部らは中国や東南アジア諸国との犯罪の人的交流を活発化させるために、この財団を利用。息のかかった留学生や就労者・研修生に奨学援助を受けさせて、次々と送り込んでいるという。そうした活動が不法就労を助長するとして、トラブルに発展した可能性も出ているのだ。

さらに、中国系半グレ集団「怒羅権」を中心に、シンジケートの面々が新たに取り組む経済犯罪活動には株価操作で儲ける投機部門があり、前述したように、「王将」の株価暴落を狙って社長射殺事件を起こし、空売りなどで大儲けしようとしたのではないかという疑惑も、金融業者たちの間では囁《ささや》かれているのだ。

この経済犯罪活動グループには、U氏に代わって各地の店舗進出の調整を担当し始めた大東氏に金銭を不当に要求したブローカーなども参加しており、巧みに「王将」包囲網を築くと同時に、大東社長に何らかの目的で波状攻撃を仕掛けていたと見られる。

これらの「王将」包囲網は次第にグローバル化していき、チャイニーズマフィアと組んだアジア諸国の華僑を中心とするネットワーク作りに繋がっていったと見られて実は、三代目社長の長男・加藤貴司氏が息子を連れて失踪《しっそう》した際、この父子を当初匿《かくま》っていたのも、この新華僑コネクションに連なるシンガポール在住の華僑系実業家の男性だったとされている。

その実業家がシンガポール郊外に構える山荘周辺で加藤父子らしき親子連れを目撃したとの未確認情報があり、シンガポール当局も同様の情報をキャッチしているようだが、現段階では犯罪が絡む可能性のある情報や届け出などが出ていないため、様子を窺っているらしい。

王将事件の「黒幕」と見られる山口組系の企業舎弟と敵対する暴力団幹部は、こう解説する。

「国際犯罪シンジケートとしては、『次の社長は俺だ』と公言していた貴司とその嫡男を手元に確保しておくことで、いざ『王将』の乗っ取り（株式支配）が始まった時に〝錦《にしき》の御旗《みはた》〟にしようと考えていたようだが、貴司があまりに我がままで暴走したり身勝手な言動を繰り返し、ついには密かに抜け出して日本に戻り、大東氏と直談判に及んだとわかり、匙《さじ》を投げたんじゃないか」

その際、貴司氏には「王将」株式の配当収入だけで年間二千万円余が入るため、それを「逃走援助資金」として掠《かす》め取り、シンガポールから放り出したというのが専らの噂だ。

また、彼らの国際犯罪シンジケートは、前述した「黒道」に繋がる反政府活動家集団も傘下に収めており、「リン」なる老婦人の存在を知った前出の企業舎弟が、「王将」側に揺さぶりを掛ける目的と、王将事件後に捜査本部の動きを攪乱《かくらん》させるために彼らを利用。老婦人の意向や願いなどはお構いなく、「黒道」を焚《た》きつけて大東氏の周囲をうろつかせたり、創業者について問い合わせをさせたものと見られる。

さらに、「王将」社内の反大東社長派と連携し、対立抗争や労働紛争を激化させたり、新店舗開店を妨害したりするなど、内側からも揺さぶりをかけていたことは、前述した通りである。

まさに、「王将」から多額の金銭を奪い、膨大な資産を処分して「王将」を食べ尽くす目的を達成するためには手段を選ばないという、非情で容赦のない強面《こわもて》ぶりを十二分に発揮していると言わざるを得まい。

しかも、そこに「口が達者な地元選出の大物政治家の存在をチラつかせ、捜査が予想以上のスピードで進展しそうになると圧力をかけさせる辺りはなかなか芸達者」(敵対する暴力団幹部)と言っていいだろう。

すべてのことが、国際犯罪シンジケートの強い意志のもとで連動して行われていた、というのである。まさしく、狙った獲物は決して逃さないのである。

王将包囲網が再び動き出した！

企業や社会への脅しや見せしめ、一般市民へのアピール効果を踏まえた多種多様な犯行動機。主犯と実行犯を区分し、仲介組織を通じて外国人に犯罪を行わせる手口が、これまで多くの企業テロを未解決事件に追いやった元凶と言っていいだろう。

こうした現象が生まれたのは、バブル経済が崩壊し始めた九〇年代前半からで、バブル期には土地を担保に暴力団にもどんどんカネを貸していた金融機関が、バブル崩壊で一気に不良債権処理に舵《かじ》を切った。

金融・証券業界の不祥事や闇社会との癒着が次々と発覚して世論の批判を浴び、金融当局の厳しい指導もあって、カネ詰まりと倒産回避を図るため闇社会との関係を絶ち、不良債権を回収するしか生き残る術《すべ》はなかったのだ。が、トラブル処理などに散々利用されてきた暴力団からすれば、それは裏切り行為でしかなかった。

九二年の暴対法施行で資金源を奪われ追い込まれた暴力団が、世に警告するだけでは飽き足らず、実力行使に出たのが翌九三年八月の阪和銀行副頭取射殺、九四年九月の住友銀行名古屋支店長射殺といった企業テロ事件だろう。

「昔は企業のミスに付け込み弱味を作り出しては脅し上げ、カネを引っ張ったものだ。

経済ヤクザ全盛期は早々と社内に拠点を設け、逆に企業側の手形や小切手のトラブルを解決したり、若手社員に仕事に必要な人脈を紹介するなど役に立ち、合法的に利益を得ていた。その路線を何とか継承できれば、今のようにシノギで苦しむことはなかっただろう」

そう嚙《か》みしめるように話すのは、山口組系企業舎弟だ。

暴力団は今、度重なる暴対法改正や暴排条例で表社会だけでなく、裏社会でも孤立しつつある。資金源は枯渇し、人脈は切れかかってボロボロ。盃事《さかずきごと》はおろか葬儀も迂《う》闊《かつ》に催せず、身分を明かさずゴルフしただけで、詐欺容疑で逮捕される有り様だ。

しかし、それでヘタっていたらヤクザではない。彼らは「共生者」とタイアップし、海外に拠点を移して、新しいビジネスに取り組み始めている。

そんな中で起きた王将事件は、今までとは違い闇社会と決別を図った担当者ではなく、企業トップが初めて標的となった。

これは「トップを暗殺すれば、周囲が怯《おび》えて言いなりになる」という国際犯罪的思考が我が国にも普及してきたことを意味する。しかも、暴力団に企業舎弟、チャイニーズマフィア、半グレ集団、新興宗教団体……とまるでオールスターキャストのような陣容に、新華僑《かきょう》コネクションまで加われば、そこには新しい犯罪と闇社会のあり方が暗示されている気がしてならない。もはや日本の地方警察の力など及ぶところではないかも知れない。
それでも警察は、必死になって中国人ヒットマン派遣組織に肉迫し、ゴルフ場乗っ取り計画の裏に潜む「深い闇」に迫り、「王将」の反大東社長派の役員がチャイニーズマフィアと密かに接触するのではないかと考えて、「身辺警護」名目で徹底的にマークするなど内偵捜査を続けている。

王将事件当夜から、インターネットで「追悼餃子」と銘打って、焼きたての餃子の写真を思い出話と一緒にブログに掲載するファンが急増。「王将」側も積極的に割引サービスや無料券配布作戦を展開したため、一時は落ち込んだ売り上げも再び上昇し、株価も何とか持ち直した。一四年十月からは中国の期限切れ鶏肉問題や食品汚染問題に加え、円安によって国内産と海外産の価格差が縮小化したため、餃子の主要食材を国産化するなど積極的な経営姿勢を打ち出し、ファンには好意的に受け止められている。

ただ、国際犯罪シンジケートは決して、「王将」乗っ取りや金銭・利権奪取を諦《あきら》めてはいない。いつ何が起きるか分からない。「王将」の再生・復活を誰よりも待ち望んでいるのは彼らなのだ。
それに大東氏の後を継いだ渡辺直人・四代目社長は創業者・加藤朝雄氏を崇拝し、

社員個々の意欲や突進力、従業員の結束力と忠誠心といった精神的な力を重視するタイプで、「大東二世」と呼ばれており、「王将」を狙う企業舎弟が最も嫌うタイプの経営者だ。

それゆえ闇社会との激突必至の情勢なのである。

実際、「王将」は一四年十月三十一日に急きょ、臨時取締役会を開き、中国・大連市の現地法人（レストラン運営子会社）「王将餃子大連餐飲有限公司」を解散し、中国市場から完全撤退する方針を決めた。

主な理由として中国の経済成長に伴って物価が上昇し、人件費や原材料価格も高騰して利益を圧迫したためとしており、取締役会段階で解散時期は未定だった。

「もちろん、物価高騰による業績不振が大きな原因であることは間違いないですが、もともとターゲットは現地駐留の日本人ビジネスマンや中国の富裕層ですし、中国全土に店舗展開を計画しているなら、やりようがあるはずです。現地ではやはり、コーディネーターやマフィアとのトラブルが影響しているのではないか、との見方が強いようです」

大連市在住の日本人実業家は、そう明かす。

ただ、「王将」側も大連市内だけで最大五店舗まで開業にこぎ着けていたし、餃子の餡などをまとめて製造する自社工場も設けており、何とかトラブルを解決して、中国国内で「餃子の王将」のチェーン店化を図ろうとしていたフシが窺われる。

　それに、もし、大連進出が創業者・加藤朝雄氏の強く望んだことであったのなら、そう簡単に撤退するわけにはいかないはずだ。

「これは、王将を狙っとる企業舎弟やシンジケート側が新たに、何らかの行動を起こしたと考えるのが順当なところやろう。餃子の原材料を国産化したんも同じ考えから出た話や思うで。連中からすれば、『王将』制圧に反抗した大東社長を抹殺して一年。そろそろ、新しい攻勢に出る頃やないか」

　そう語るのは、弘道会系武闘派組織と敵対する勢力の暴力団関係者だ。

　今、再び、何かが動き出そうとしているのだ。

　捜査本部も「企業テロの捜査は難しい」などと愚痴をこぼしている暇はない。


　一四年八月末。カンボジアの首都・プノンペン市内の安宿で、一人の中国系の若い男が変死体で発見された。

　カンボジア警察当局が遺体を調べると、明らかに麻薬の打ち過ぎと見られる注射痕《こん》が多数見つかり、薬物中毒死と断定された。ビニール袋に入った麻薬と注射器以外、遺体に所持品らしきものはなく、身元不明の死体として処理されたが、それはカンボジア警察当局の怠慢というより、チャイニーズマフィアにたっぷりと媚薬《びやく》を嗅《か》がされたためであった。

男は、福岡のゴルフ場乗っ取りを企む企業舎弟《たくら》と、中国人ヒットマン派遣組織を繋ぐ仲介役の一人であり、今回の王将事件の謎を解き明かす重要なキーパーソンでもあった。

一人の男の死で、王将事件は漆黒の闇に包まれてしまった。

文庫特別編　トラウマを乗り越えて

これほど証拠が揃っているのになぜ……?

「王将」の大東隆行・前社長射殺事件は、京都府警の二年半余に及ぶ捜査で、九州の暴力団が事件に関わっていた可能性が浮上するなど〝それなりの成果〟は出ているものの、決め手に欠き、そこからなかなか先に進めないのが現状だ。

この事件はそもそも、府警捜査本部にとって三つの〝不運〟が重なっていた。逆に犯人側からすれば、それを利用して計画・実施したと考えることもできる。

第一に犯行は寒くて真っ暗な冬の早朝、しかも雨天とあって目撃者がおらず、足跡や毛髪など細かい物証がほとんど流されてしまったこと。第二は大東氏がほぼ毎日、自宅から車を運転して一番乗りで出勤し会社周辺を清掃することを日課にしていて、それを雑誌の取材などで公言して憚らないことから、犯人側も熟知し下見や待ち伏せなど十分に準備できた点。最後は、「開かれた会社」をモットーとする「王将」が本社敷地内に防犯カメラを一台も設置せず、警備員も配置していなかった状況であり、これらは本書で詳述した通りである。

事件発生以来、専従捜査員九十一人態勢を堅持する捜査本部だが、現場周辺の聞き込みや「王将」従業員ら延べ約一千人に上る関係者から事情聴取を行い、延べ約七百社以上の取引業者に当たるなどしぶとく捜査を続けてきたが、有力な目撃情報や犯行動機に繋がるような手掛かりは掴めていない。

ただ現場向かいの別の会社に設置された一台の防犯カメラが犯行時、実行犯と見られる小柄な人影や、発砲の際に出たと見られる複数の閃光《せんこう》、現場に隣接する倉庫棟横通路から犯行後にオートバイのヘッドライトと見られる光が走り去る様子をキャッチしており、捜査本部はその通路で待ち伏せした犯人が大東氏を射殺後、オートバイで逃走したと断定した。

捜査本部はこのオートバイの逃走方向にある街頭やコンビニに設置された百八十台余の防犯カメラや、Nシステム（自動車ナンバー自動読取装置）の画像を分析。件《くだん》のオートバイを追いかけるように並走する不審な九州方面のナンバーを付けた軽乗用車とミニバイクの存在を確認したが、それらを繋いで追跡した犯人が、途中から防犯カメラ未設置の路地に入るなど警戒して走り始めたため、現場から直線距離で北東約二キロ離れた辺りで行方を見失った。かくして初動捜査は失敗に終わったのだ。

それでも事件から四か月後の一四年四月、犯人の取り逃がし地点近くであり、逃走ルートの延長線上でもある京都市山科区のアパート駐輪場で、防犯カメラに映っていたオートバイを発見した。捜査員が車体を調べたところ、右ハンドル周辺から拳銃を発砲した後に残る硝煙反応が検出された。また、そのオートバイのタイヤの型は、犯行現場の「王将」駐車場に残されたタイヤ痕とも酷似していた。

一方、同じく防犯カメラに映し出されたミニバイクもアパート駐輪場近くで、ナンバープレートを付け替えられた状態で放置されているのが見つかった。

このオートバイは一三年十月九日、京都府南部の城陽《じょうよう》市の民家で盗まれたものと判明。ミニバイクも同じ日に、その民家からさほど遠くない京都市伏見区の外環状線沿いにある飲食店から盗まれていたことが分かった。

特に京都市伏見区の飲食店に設置された防犯カメラには、九州方面ナンバーの軽乗用車から降りた二人組の男たちがキーを付けたまま停めてあったミニバイクを盗み、そのうち助手席にいた男一人がそのままミニバイクに乗って走り去る様子が映し出されていた。

捜査本部はその軽乗用車が十月中に九州に移動していたことを突き止め、車のナンバーなどから所有者を割り出して事情聴取するとともに、軽乗用車を押収して車内を捜索し、徹底的に鑑識捜査を行い、遺留品発見に努めた。

そして、京都市伏見区の飲食店に設置された防犯カメラの映像から、九州に拠点を置く暴力団の関係者が犯行に関わっているとの疑いを強めたのだ。

さらに捜査本部は犯行現場周辺で徹底的な鑑識捜査を実施。塵芥《じんかい》など微物は雨に流されあまり採取できなかったが、空き缶など中・大型ゴミやタバコの吸殻などを収集して府警科学捜査研究所で検査し、前歴者の捜査資料などと照合したところ、一五年に入って犯人が待ち伏せしていたと見られる「王将」倉庫棟横の通路で採取したタバコの吸殻から検出したＤＮＡ型と、九州地方の暴力団幹部・ＸのＤＮＡ型が一致したのである。

しかも、防犯カメラに映った軽乗用車の所有者や、ミニバイクを盗んだと見られる面々はＸが属する暴力団組織に関わっており、京都府警上層部ならずとも誰もが「この幹部や組員らが犯行に関与していたのは間違いない。これで事件解決の日も近い」と感じたのも無理はなかった。

実際、府警は一五年十月三十一日に京都府内の関係先など数か所を殺人容疑で家宅捜索し、一六年になると福岡県警と合同捜査本部を設置するなど、着々と捜査を広げていったかに見えた。が、現実はそれほど甘いものではなかった。

「大東前社長はおろか『王将』自体にＸとの接点はないし、会社とＸが属する組との間に何のトラブルも関係も出てこない。Ｘが銃撃に関わった証拠は何もないんや」

とは京都府警幹部。こう続ける。

「Ｘを逮捕して調べても、『現場には行ったが、殺害には関係なかった』と供述されたら覆せんし、その組と警察当局は激しく対立していて、Ｘ以外の人間がわざと吸殻を現場に捨てて捜査の攪乱を図った可能性も捨て切れないから、慎重に捜査するしかないんや」

しかも、吸殻の鑑定方法にも問題があった。

「実は、吸殻は現場周辺にたくさん落ちていて、従業員や付近住民ら関係者と一つ一つ照合し確認するのに時間が掛かった。やっと誰とも合致しない吸殻を見つけ、それがXと合致したんだ。執念の捜査が実ったと言っていいんじゃないか」

京都府警幹部は、そう胸を張るが、どうにも胡散臭《うさんくさ》い話だ。

まず、吸殻のDNA型鑑定は従業員ら関係者全員を対象に行われたわけではなく、吸殻の〝捨て主〟がすべて判明したわけではない。むしろ該当者が見当たらない吸殻が多く残されていたと言っていいのである。

つまり、収集した吸殻のうち一つのDNA型がXのDNA型と一致したという言い方が正しいのであって、もしかしたら、該当者が見当たらない吸殻の中に真犯人のものが含まれているかも知れないわけだ。これでは犯人と断定できるはずがない。

次に、XのDNA型をどうやって採取したのかという疑問点がある。

「Xの行確（二十四時間行動を追跡し、何をしたか誰と会ったかなどをチェックして容疑を固める捜査）はしたが、事情聴取はしていない」という京都府警幹部の言葉を額面通りに受け取れば、Xが飲んだコーヒーカップであれ何であれ、本人の承諾なしに採取したDNA型ゆえに公式には証拠としては使えないものである可能性が高い。

「Xが所属しているのは、福岡県北九州市に拠点を持つ『特定危険指定暴力団』に指定された工藤會で、Xはその傘下団体のナンバー三の幹部を務める四〇代後半の男だ。京都府警から捜査協力を頼まれ、一五年夏から『主な組員を呼び出してタバコを吸わせたり、コーヒーを飲ませてDNAを採取して欲しい』と内々に要請があったようだが、工藤會は敢然と警察と敵対している武闘派組織で、そんなことが簡単に出来るわけがないだろう。連中（京都府警）は何も分かっていない」

とは福岡県警幹部。さらに、こう続ける。

「もっとも、そうした要請を無視していると（京都府警に）勝手に工藤會の関係先を家宅捜索などされたら困るんで、少しは協力したけど、十分には出来なかったはずだよ。それに京都府警の行確はバレバレで、Xは組に迷惑をかけないように、しばらく人に会わず、外出もしなかったと聞いている。あいつは都内の大学を中退したインテリヤクザで、その辺はそつなく巧みにこなすから、府警さんもさぞ振り回されたんじゃないか」

ところで、Xとはいったい、どんな人物なのか。福岡県警の暴力団担当捜査員や暴力団関係者らに話を聞くと、こんな人物像が浮上してくる。

「Xは十数年前まで会社勤めをしていて、それからヤクザになった異色の経歴の持ち主なんだ。法律や経済にも強く、他の団体との交渉事や利益を生み出す仕事には〝打って付けの男〟と言われている」（福岡県警幹部）

「Xが属する組は武闘派として知られ、工藤會による連続発砲事件で家宅捜索した際も、捜査員全員が防弾チョッキを装着するほど恐れられた組織や。Xもヤクザになり立ての頃は福岡市内の商店に『挨拶《あいさつ》がないど』とトラックで突っ込んだこともあったが、今は基本的に自ら荒事に手を染める人間やないで。これまで凶悪事件を起こしたことはなく、長期の懲役に行ったこともないはずや」（別の暴力団関係者）

さらに、Xは犯行当日のアリバイを詳述して「王将事件とは無関係だ」と強く主張し、それを裏付ける暴力団以外の人間も存在すると言われている。中には「確かXはタバコを吸わないはずだよ」という恐ろしい情報を囁《ささや》く関係者もいる。

「ヒットマンが現場でタバコを吸うとは思えないし、仮に吸ったとしても吸殻は持ち帰るだろう。わざわざ九州ナンバーの車に乗り、防犯カメラに顔を晒《さら》したり、犯行現場に吸殻を捨てると聞いたら、『捜査の攪乱を狙っているに違いない』と勘繰りたくなるのも無理はないだろう。これは工藤會が仕掛けた罠だよ」

とは福岡県警暴力団担当刑事。こうも言う。

「いくら至近距離からと言っても、二五口径の自動式拳銃を躊躇なくぶっ放し、四発撃って全弾命中させている。これはプロのヒットマンと言っていいだろう。ヤクザとはいえ、ろくに拳銃を撃ったことがないXには、とても難しい行動だし、少なくともタバコの吸殻だけじゃ立件は無理だから、ウチは腰を引かざるを得ないんだ」

京都府警とすれば、難敵・工藤會トップの野村悟総裁を逮捕するなど強力な頂上作戦を行ってきた福岡県警の協力が是非とも欲しいところだ。が、福岡県警は組織の金庫番を籠絡《ろうらく》し、やっとのことでトップを脱税容疑で取り調べる段階にまでこぎ着けた経緯がある。ここで下手に王将事件に関わって失敗し、これまで積み上げてきた自分たちの捜査や公判に悪影響を及ぼすのを避けたいとの思惑があったと見られる。

それが福岡県警が捜査協力に消極的で、なかなか合同捜査本部が設置されなかった真の理由だろう。

工藤會と言うと平然と拳銃を撃ちまくる超武闘派組織のイメージが強いが、相手の失敗に付け込み、巧みに脅すなど知能的犯行も得意技と言える。

最近でも北九州市の福岡地裁小倉支部近くの路上で五月十日、組幹部の殺人未遂事件を担当する裁判員二人に「あんたらの顔は覚えとるけんね」などと声を掛け、密《ひそ》かに脅しをかけたり、市民への襲撃事件などで逮捕され勾留《こうりゅう》中の組幹部らに書籍を差し入れ、密かに否認や証拠隠滅を図る書き込みを行うなど、油断も隙もないところが見られる。

「何しろ、Xが実行犯という確たる証拠はないし、指示した者も不明。吸殻や九州のナンバーの車自体が罠っぽい臭いがプンプンする。工藤會の強《したた》かさに散々苦労してきた福岡県警は、すべて疑ってかかる。京都府警は捜査に行き詰まっているうえ、舞鶴《まいづる》の件もあるから焦っているんじゃないか。気持ちは分かるが、思い込み捜査は失敗の元になる」

王将事件を見守ってきた警察庁幹部は、そう危惧《きぐ》して止まない。

捜査当局が今、最も注視している「九州の闇」

京都府警の思い込み捜査とは、いったい、何なのか。

まず、捜査本部は「王将」創業家と工藤會の間に浅からぬ関係があることを突き止め、大東氏に対する怨恨《えんこん》などほかに犯行動機に繋がるものが浮かんで来ないこともあって、創業家のトラブル説にのめり込んでしまったところが見られることだ。

「王将」創業者とは言うまでもなく、福岡県出身の故・加藤朝雄氏のことであり、三代目社長は長男の潔氏である。長年、王将グループのトラブル処理などを担当してきたU氏が代表を務める福岡県のゴルフ場運営会社が経営難に陥ったため、二〇〇〇年、潔氏が約八十八億円を子会社を通じて迂回《うかい》融資し、焦げつかせてしまった。この過剰な貸付金問題などの責任を取って、潔氏は社長を辞任したのだ。

その巨額な債務が「王将」本体の経営を圧迫し、経営危機に陥らせていたことは事実である。その後処理を担当したのが朝雄氏の義弟で、第一号店から共に働いた〝叩《たた》き上げ〟の大東氏で、彼は心を鬼にして債務整理、経営合理化に大ナタを振るった。

最大の問題点はU氏が同和関係団体の大物委員長・S氏（故人）の異母弟であるうえ、彼の周囲には暴力団関係者や企業舎弟、ヤミ金融業者ら闇社会の面々が数多く蠢《うごめ》いていたことであった。

さらに彼らの背後には東南アジアや中国を拠点とした国際犯罪シンジケートの面々も控えており、大東氏がそうした面々と「王将」との関係を強引に断ち切ろうとしていた行為が殺害に繋がったと見られることは、本書で述べてきた通りである。

京都府警が警察庁に提出した捜査報告書を読むと、捜査本部の財務班が一五年春頃から九州に通い詰め、ゴルフ場問題をはじめ、U氏の背後関係などを徹底的に捜査していたのは事実である。

そして、U氏がかねてより工藤會と関わりがあったことを突き止めたという。

本書は、U氏やそのゴルフ場運営会社をめぐって暗躍していた暴力団を山口組系組織と見て取材してきた。工藤會とU氏の間に若干の関わりがあることは分かっていたが、本命はあくまで山口組系組織と睨んで調査を進めてきたし、闇社会の面々や警察関係者の見方も私とほぼ同じ方向を示していたはずである。

その意味で、京都府警の工藤會への偏重捜査について、私はいささか危うさを感じざるを得なかったし、その真の理由を考えていた。

「王将」のフィクサー役を務めたU氏との関わり、犯行現場で採取されたタバコの吸殻、防犯カメラに映し出された車のナンバー……と具体的根拠を列挙すれば、何やら最初から「工藤會ありき」の捜査を行ってきた印象は否めないし、自《おの》ずと「工藤會」への疑惑は強まらざるを得ないだろう。このほかに重大な理由はあるのか。

「一九八〇年代に始まった『王将』の九州北部への進出は、福岡県が創業者・加藤朝雄氏の出身地とあって力を注いだんやが、かなり難航したな。八〇年に福岡市に九州一号店がオープンしたまでは良かったんやが、食材を一括製造・加工するセントラルキッチンの建設をはじめ中心的な店舗や設備が軒並み宙に浮いてしまった。北九州市では工藤會を構成する二大組織の工藤組・草野組系組織が熾烈《しれつ》な縄張り争いを繰り広げ、後に山口組の九州侵攻もあって、連日、銃弾が乱れ飛ぶ激戦地だったからや。工藤會や道仁会《どうじんかい》など地元暴力団組織とのトラブルはその頃からの長い戦いやった」

地元福岡で飲食業界を牛耳るベテラン経営者は、そう打ち明ける。

「『王将』の問題と言うとすぐ、創業者・加藤朝雄氏の長男で三代目社長の潔氏とU氏間の過剰融資に目が向くんやが、その根源は朝雄氏とU氏の兄・S氏の腐れ縁にあったことは間違いないやろ。放漫経営の三代目を庇《かば》うつもりは全くないが、三代目もU氏も言わば裏取引の〝融資窓口係〟にしか過ぎん。先代からの癒着ぶりを明らかにせんと、事件の構図は到底分からないんやないかな」

そう打ち明けるのは、京都の闇社会に精通する金融業者の一人。こう続ける。

「『王将』が全国展開した際にU氏が根回し役を務められたのは、バックに兄のS氏が君臨していたからに他ならない。S氏が三百億円のカネをメガバンクから引っ張ってきて、朝雄氏にポンと渡さなければ、今の『王将』はなかったんや。そうした関係があるがゆえに、U氏への過剰融資が生まれてくるわけで、S氏の存在を視野に入れて考えれば、『王将』問題の真実が見えてくると思うよ」

実際に、福岡のゴルフ場もS氏の声がかりで大手ゼネコンが「タダ同然の値段で建設した」（大手土建業者）とされ、周辺にいた暴力団も美味《おい》しい利権を前に何もできなかったとされる。

ところが、加藤朝雄氏が九三年、S氏も九六年に他界すると、それまで鳴りを潜めていた暴力団はじめ闇社会の面々が次々とゴルフ場に触手を伸ばしてきたという。U氏が頼れるのはもはや「王将」創業者の加藤一族しかなく、詳細は後述するが、多額の融資を受けたり、不動産などを売りつけたりして凌《しの》いできたが、創業者の長男が社長の座を退き、大東氏が後を引き継ぐとニッチもサッチも行かなくなったようである。

「U氏は地元の工藤會や道仁会、一時は後ろ楯《だて》となっていた山口組などの暴力団と金銭絡みのトラブルを起こし、追い込みを掛けられとったのは事実や。都内の見知らぬ不動産ブローカーに『ゴルフ場を全部込みで三十億円で買ってくれ』と泣きついていたほどだ」

と関西の経営コンサルタント氏は語る。

この辺りに事件の真相を解明する鍵がありそうで、京都府警は異常なほどの関心を示している。

ただ、ここで気になるのは何と言っても、現場に吸殻が落ちていたのだからXが現場にいたことは間違いないのであり、従って別件か任意で事情聴取を行い、厳しく叩けば自供するに違いないという、旧態依然の捜査手法を絶対視したような思い込みであろう。

「工藤會は暴対法や暴排条例を無視して、警察や暴力団排除運動に敢然と立ち向かい危険で強かな団体なんだ。タバコの吸殻程度の罠はいくらでも仕掛けてくるし、何しろ、組員が〝鉄の掟《おきて》〟で結ばれ、警察に徹底抗戦してくるから、そう簡単には行かないよ」

福岡県警の捜査員は、そう打ち明ける。

実際、気になる事件も起きている。

大東氏が殺害された翌日の十二月二十日、暴力団反対運動を展開している北九州市の漁協組合長が射殺され、これも未解決のままになっている。

この組合長の兄も十五年前に工藤會の前身である工藤連合・草野一家の組員に射殺されているが、バイクを利用した手口など王将事件と手口が酷似しており、外国人ヒットマン派遣請負業者の中には「外国人ヒットマンを二人雇って、連続してやらした形跡がある」と証言している者もいるほどだ。

「一二年一月に福岡県の建設会社社長が撃たれる事件があり、暴力団排除運動に関わっており、工藤會による威嚇とみて工藤會系幹部二人を殺人未遂容疑で逮捕した。そして、薬莢《やっきょう》や拳銃の部品、硝煙反応が残る衣類などを押収したが、細かい部分で詰め切れず、《犯行の可能性は否定しないが無罪》の判決が出て、県警内に衝撃が走ったんだ。タバコしかない王将事件はとても無理だと思うよ」（福岡県警幹部）

このように王将事件と似たような事件で失敗した経験があり、トラウマになった例は、捜査を主導する京都府警も持っていた。

〇八年に起きた舞鶴市の女子高生殺害事件である。現場周辺の防犯カメラの解析がきっかけとなり、深夜に被害者と連れ立って歩いていた殺人罪の前歴を持つ男性を逮捕し、起訴に踏み切った。が、殺害を立証する決定的証拠がなく、一四年七月に最高裁で無罪が確定してしまったのだ。

「舞鶴の二の舞は御免だ。同じ轍《てつ》を踏まないように」というのが京都府警の合言葉になっており、特に検察当局はことのほか、ナーバスになっている。

「被疑者が犯行を頑強に否認した場合、検察はまず起訴したがらない。後で冤罪になるのが嫌だからで立件しにくくなる。王将事件はその典型で、『殺そうと思って現場に行ったができなかった』と供述されたらどうにもならないが、事件の構図を複数犯にすれば、まだ徹底追及することができる」

と京都府警関係者の鼻息は荒い。

確かに細部を詰めなければならない捜査項目は多いが、それでも強引にXの海外渡航制限を進め、マスコミに事実上発表したのはなぜなのか。

「福岡県警で工藤會摘発に辣腕《らつわん》を振るった本部長が大阪府警に赴任し、今まさに分裂した二つの山口組壊滅を狙って精力的に動いている。京都も負けるわけにはいかないからね」（前出の京都府警関係者）

意外と詰まらない理由ながら、京都府警は未《いま》だに福岡県警との合同捜査本部設置で解決すると強気だ。しかし、こんな体たらくの捜査で事件が解決するなら、とっくの昔に解決しているに違いない。

射殺一か月前の社内報告書の中身

こうした府警の足踏みを力一杯後押ししたのが、「王将」の経営実態を調べていた第三者委員会（委員長＝大仲土和《おおなかつちかず》弁護士）が、一六年三月末に行った調査報告の発表であった。

「王将」が暴力団など反社会勢力と関係があるか否かを調査するために設置したもので、報告書によれば、「王将」は一九九三年頃から二〇〇六年頃まで、必要な社内手続きを踏まず経済的合理性もないまま、創業者の知人である特定の企業経営者（U氏のこと。以下U氏と書く）との間に総額約二百六十二億円の不適切な取引を繰り返し、約二百九億円を流出させ、うち約百七十六億円は回収できずに損失処理したという。

報告書では、U氏は「王将」創業者が会社立ち上げ時に相談し、トラブル処理を頼んだ人物で、創業者の死後、経営を引き継いだ子息二人が取引を主導したと記されていた。

第三者委はこうした実態を「創業家による独断専行」と厳しく批判したが、「王将」と反社会勢力との関係は「確認されなかった」と述べ、物足りなさを感じさせた。

これらの不適切取引を理由に「王将」は〇一年三月期に四百五十二億円の有利子負

債を計上するなど経営危機に陥った。〇〇年に社長に就任した大東は不適切取引で取得した不動産の売却、過剰貸付金の債権放棄を進め、〇六年九月までに清算し損失処理した。

大東氏は〇六年から社内調査を始め、一三年十一月十三日付で取引実態と再発防止策について報告書をまとめたが、取引の具体的事例の凄まじ過ぎる内容に公表は見送り、取締役会に提出され、約三十分回覧したうえで、大東社長と総務部が一冊ずつ保管した。

この報告書がまとめられた約一か月後、大東氏は本社前で射殺されたのだから、犯行動機は推して知るべしと言っていいのではないだろうか。

第三者委員会の発表だけでは分かりにくい部分もあるので、私は第三者委員会の調査報告書の基となった大東氏肝煎りの社内調査報告書を入手、併せて分析した。

両報告書によると、不適切取引は主に九五年頃から取締役会の承認を経ずに、U氏の経営する企業グループから不動産を高額で購入。後に購入価格を大幅に下回る金額で同グループに売却し、総額で約百七十六億円の損失を抱えている。

具体的な売買取引例としては九五年四月、米国ハワイの高級住宅地に建つ邸宅と土地を約十八億三千万円で購入し、八年後に第三者に約六億円で売却して約十二億三千万円を損失した。また、ホテル棟を三十一億七千万円で購入した際は、購入代金の大半を同グループへの貸付金と相殺したうえ、五年後に七億円で買い戻させ、二十四億三千万円の損失となっている。

ほかにも、〇〇年八月にはU氏の関連会社から福岡市中央区の九階建てオフィスビルを十二億三千七百万円で購入し、別の関連会社に五億二千万円で売却したり、〇〇年九月から十一月にかけて福岡県のゴルフ場隣接地を二十七億九千万円で購入し、二億八千万円で買い戻させて二十五億一千万円の損失を出すなどの手口を繰り返した。〇一年四月にはU氏の関連会社が所有する長崎県雲仙《うんぜん》の旅館を二十一億二千万円で購入し、二億八千万円で手放すなど主要な物件だけで計十四件の不適切取引を行っていた。

これらの報告書から分かったことは、U氏との不適切取引を主導したのは三代目社長の潔氏自身ではなく、経理担当の専務取締役として潔氏を支えた弟の欣吾氏であったという事実である。欣吾氏は社内の役員OBに、こう漏らしている。

「先代からの腐れ縁だから仕方ないが、Uさんも強引で困ったものだ。このトラウマはいったい、いつまで続くのだろうか」

こうした事実を察知した捜査本部はこれまでの潔氏中心の取り調べを変更し、欣吾氏を徹底的に調べる方針に切り換え、既に任意で事情聴取を始めている。この第三者委員会の報告を受けて、京都府警の捜査も核心に向けていよいよ正念場を迎えているという。

かくいう私ももう一度、「王将」関係の資産や不適切取引の実態を取材し直すべく動き出したが、そこで気になる情報を耳にした。

一時はマレー半島に匿《かくま》われていた潔氏の長男・貴司氏が息子を連れて、どうやら米国・ハワイに移動したとの情報を入手したのだ。彼らはハワイの遊休物件で悠々自適の隠遁《いんとん》生活を送っているとされる潔氏のもとに転がり込み、父子孫の三人で暮らしているといい、一説によれば、来るべき「王将」経営陣への復帰を画策しているといわれる。

分裂した山口組の対立抗争激化もあって、カンボジア在住のG元組長が緊急来日するなど、「王将」を取り囲む外野席が賑《にぎ》やかになってきた。

発生から間もなく二年九か月を迎える「王将」社長射殺事件。迷宮入りの匂いが微《かす》かに漂い始める中、水面下の深いところで何かが動き出す兆候が窺《うかが》える。「王将」は果たして、大東前社長の死を乗り越えて「トラウマ」との戦いに勝利できるだろうか。

主要参考文献

『紅の党　習近平体制誕生の内幕』（朝日新聞出版）朝日新聞中国総局
『激流中国』（講談社）NHKスペシャル取材班
『中国の大問題』（PHP新書）丹羽宇一郎
『龍頭（ドラゴンヘッド）』（角川書店）ジョン・サック
『証言　冷たい祖国　国を被告とする中国残留帰国孤児たち』（岩波書店）坂本龍彦
『満州からの引揚げ　遥かなる紅い夕陽』（平和祈念事業特別基金）平和祈念事業特別基金ほか
『闇に消えた怪人―グリコ・森永事件の真相』（新潮文庫）一橋文哉
『未解決―封印された五つの捜査報告』（新潮文庫）一橋文哉
『国家の闇　日本人と犯罪〈蠢動する巨悪〉』（角川oneテーマ21）一橋文哉
『マネーの闇　巨悪が操る利権とアングラマネーの行方』（角川oneテーマ21）一橋文哉
朝日、読売、毎日、産経の各新聞と月刊誌『新潮45』ほか王将事件を報じた雑誌類

本書は、二〇一四年一一月に小社より刊行された単行本を、
加筆修正して文庫化したものです。

最《さい》終《しゅう》増《ぞう》補《ほ》版《ばん》
餃《ぎよう》子《ざ》の王《おう》将《しよう》社《しや》長《ちよう》射《しや》殺《さつ》事《じ》件《けん》
一《いち》橋《はし》文《ふみ》哉《や》

平成28年 9月25日 初版発行
令和6年 4月30日 8版発行

発行者●山下直久

発行●株式会社KADOKAWA
〒102-8177 東京都千代田区富士見2-13-3
電話 0570-002-301(ナビダイヤル)

角川文庫 19965

印刷所●株式会社KADOKAWA
製本所●株式会社KADOKAWA

表紙画●和田三造

●お問い合わせ
https://www.kadokawa.co.jp/ (「お問い合わせ」へお進みください)
※内容によっては、お答えできない場合があります。
※サポートは日本国内のみとさせていただきます。
※Japanese text only

ISBN978-4-04-104737-8 C0195

JASRAC 出 1609604-408

◆◇◇

角川文庫発刊に際して

角川源義

第二次世界大戦の敗北は、軍事力の敗北であった以上に、私たちの若い文化力の敗退であった。私たちの文化が戦争に対して如何に無力であり、単なるあだ花に過ぎなかったかを、私たちは身を以て体験し痛感した。西洋近代文化の摂取にとって、明治以後八十年の歳月は決して短かすぎたとは言えない。にもかかわらず、近代文化の伝統を確立し、自由な批判と柔軟な良識に富む文化層として自らを形成することに私たちは失敗して来た。そしてこれは、各層への文化の普及滲透を任務とする出版人の責任でもあった。

一九四五年以来、私たちは再び振出しに戻り、第一歩から踏み出すことを余儀なくされた。これは大きな不幸ではあるが、反面、これまでの混沌・未熟・歪曲の中にあった我が国の文化に秩序と確たる基礎を齎らすためには絶好の機会でもある。角川書店は、このような祖国の文化的危機にあたり、微力をも顧みず再建の礎石たるべき抱負と決意とをもって出発したが、ここに創立以来の念願を果すべく角川文庫を発刊する。これまで刊行されたあらゆる全集叢書文庫類の長所と短所とを検討し、古今東西の不朽の典籍を、良心的編集のもとに、廉価に、そして書架にふさわしい美本として、多くのひとびとに提供しようとする。しかし私たちは徒らに百科全書的な知識のジレッタントを作ることを目的とせず、あくまで祖国の文化に秩序と再建への道を示し、この文庫を角川書店の栄ある事業として、今後永久に継続発展せしめ、学芸と教養との殿堂として大成せんことを期したい。多くの読書子の愛情ある忠言と支持とによって、この希望と抱負とを完遂せしめられんことを願う。

一九四九年五月三日

角川文庫ベストセラー

動物の値段　白輪剛史

ライオン（赤ちゃん）四五万円、ラッコ二五〇万円、シャチ一億円!!　動物園のどんな動物にも値段がある！　驚きの動物売買の世界。その舞台裏を明かした画期的な一冊!!　テリー伊藤との文庫版特別対談も収録。

動物の値段　満員御礼　白輪剛史

動物園・水族館のどんな動物にも値段がある！　大反響を起こした『動物の値段』再び。ゴマフアザラシ80万円、レッサーパンダ350万円、ホッキョクグマ6000万円!!　動物商から見た驚きの世界が現れる。

「A」マスコミが報道しなかったオウムの素顔　森達也

メディアの垂れ流す情報に感覚が麻痺していく視聴者、モノカルチャーな正義感をふりかざすマスコミ……「オウム信者」というアウトサイダーの孤独を描き出した、時代に刻まれる傑作ドキュメンタリー。

職業欄はエスパー　森達也

スプーン曲げの清田益章、UFOの秋山眞人、ダウジングの堤裕司。一世を風靡した彼らの現在を、ドキュメンタリーにしようと思った森達也。彼らの力は現実なのか、それとも……超オカルトノンフィクション。

世界が完全に思考停止する前に　森達也

大義名分なき派兵、感情的な犯罪報道……あらゆる現実に葛藤し、煩悶し続ける、最もナイーブなドキュメンタリー作家が、「今」に危機感を持つ全ての日本人を納得させる、日常感覚評論集。

角川文庫ベストセラー

クォン・デ
——もう一人のラストエンペラー
森　達也

満州国皇帝溥儀を担ぎ上げた大東亜共栄圏思想が残した、もう一つの昭和史ミステリ。最も人間の深淵を見つめ、描き上げるドキュメンタリー作家が取材9年、執筆2年をかけ、浮き彫りにしたものは？

それでもドキュメンタリーは嘘をつく
森　達也

「わかりやすさ」に潜む嘘、ドキュメンタリーの加害性と鬼畜性、無邪気で善意に満ちた人々によるファシズム……善悪二元論に簡略化されがちな現代メディア社会の危うさを、映像制作者の視点で綴る。

いのちの食べかた
森　達也

お肉が僕らのご飯になるまでを詳細レポート。おいしいものを食べられるのは、数え切れない「誰か」がいるから。だから僕らの暮らしは続いている。〝知って自ら考える〟ことの大切さを伝えるノンフィクション。

和僑
農民、やくざ、風俗嬢。中国の夕闇に住む日本人
安田峰俊

「日本人であること」を過剰に意識してしまう場、〝中国〟。そこで暮らすことを選んだ日本人＝和僑。嫌われている国をわざわざ選んだ者達の目に映る、日本と中国とは——。異色の人物達を追った出色ルポ！

人間はどこから来たのか、どこへ行くのか
高間大介
（NHK取材班）

現在、科学の最先端の現場で急激な展開をみせるテーマ「人間とは何か」。DNA解析、サル学、心理学、言語学……それぞれのジャンルで相次ぐ新発見の数々。目から鱗、思わず膝を打つ新たな「人間学」。